NUREJEW und WIEN

EIN LEIDENSCHAFTLICHES VERHÄLTNIS

andrea amort [HG.]

verlag christian brandstätter
österreichisches theatermuseum

inhalt

Vorwort von Thomas Trabitsch	7
Vorwort von Andrea Amort	8
Die Biographie	11
Die Wien-Daten	13
Das Tanzgenie der Russen 100 Jahre russische Tanzkunst in Wien Alfred Oberzaucher	20
Erstes Auftreten im Westen Nurejew bei den 7. Kommunistischen Weltjugendfestspielen 1959 in Wien Andrea Amort	24
Schwanensee 1964 Trotz Einspruch der Sowjets ein neues Weltbild für Wien Andrea Amort	32
„I am afraid I will ruin your Swan Lake" Am Beispiel Schwanensee: Nurejews Klassikersicht Alfred Oberzaucher	50
Der Charismatiker: Interviews, Aussagen, Behauptungen Karlheinz Roschitz	56
Künstler, Kollegen und Freunde über Nurejew	66
Eine exotische, bunte Blume Alexander Ursuliak über den Baschkir, der Ballett zum Happening machte	66
„I miss you, Rudolf" Gerlinde Dill – Ein Blick zurück auf eine erfüllte Zeit	68

NUREJEW und WIEN

14.5.02

Liebe Herma!

Wenn ich schon nicht zum Muttertag in Detmold sein kann, so soll Dich Herr Nurejew in seinen Bildern erfreuen! Alles Liebe zum Muttertag!

Dein Alexander

IMPRESSUM

Die Deutsche Bibliothek – CIP-Einheitsaufnahme
Ein Titelsatz für diese Publikation ist bei Der Deutschen Bibliothek erhältlich.

1. Auflage 2003
Graphische Gestaltung: Malwina Sohr
Technische Betreuung: Franz Hanns
Lektorat: Inge von Boch
Gesamtherstellung: Grasl Druck & Neue Medien, Bad Vöslau

Ausstellung:
Nurejew und Wien. Ein leidenschaftliches Verhältnis
29. 1. 2003-23. 3. 2003
Österreichisches Theatermuseum, Lobkowitzplatz 2, A-1010 Wien
Gesamtleitung: Thomas Trabitsch
Ausstellungsorganisation: Elisabeth Ornauer
Idee und Konzept: Andrea Amort
AusstellungskuratorInnen: Andrea Amort und Jarmila Weißenböck, sowie Alfred Oberzaucher
für die Wiener Staatsoper
Öffentlichkeitsarbeit und Presse: Elisabeth Ornauer, Annita Mader
Künstlerische Gestaltung und Ausstellungsarchitektur: Blaich + Delugan
Kostümpräsentation: Ute Neuber
Ausstellungsgraphik: Angela Hartenstein, Lothar Bienenstein
Hospitanz: Christa Ursuliak
Teile der Ausstellung werden außerdem gezeigt:
7.-26. 1. 2003 im Gustav Mahler-Saal der Wiener Staatsoper,
Opernring 2, A-1010 Wien

Copyright © 2003 by Verlag Christian Brandstätter, Wien
Alle Rechte, auch die des auszugsweisen Abdrucks oder der Reproduktion einer Abbildung,
sind vorbehalten.
Das Werk einschließlich aller seiner Teile ist urheberrechtlich geschützt. Jede Verwertung
ohne Zustimmung des Verlages ist unzulässig. Dies gilt insbesondere für Vervielfältigungen,
Übersetzungen, Mikroverfilmungen und die Einspeicherung und Verarbeitung in elektronischen
Systemen.

ISBN 3-85498-260-7

Christian Brandstätter Verlagsgesellschaft m.b.H.
A-1015 Wien, Schwarzenbergstraße 5
Telefon: (+43-1) 512 15 43-0
Telefax: (+43-1) 512 15 43-231
E-Mail: cbv@oebv.co.at
www.brandstaetter-verlag.at

RUDOLF NUREYEV ® FOUNDATION
FONDATION RUDOLF NOUREEV

VON KOSTÜMEN, MUSKELKRÄMPFEN UND SCHÖNEN ROLLEN 71
KARL MUSIL ÜBER DEN GROSSEN KOLLEGEN, DER WIE EIN „GLÖCKERL" TANZTE

GELIEBTER RUDOLF 73
SUSANNE KIRNBAUER – ERINNERUNGEN, DIE MIR KOSTBAR SIND!

DAS GENIALE AN IHM WAR SEIN FEUER 79
MICHAEL BIRKMEYER ÜBER DEN BESTEN COACH, DEN MAN SICH DENKEN KANN

RUDOLF-ULYSSES: WAGEMUT UND GESELLSCHAFTSKRITIK 81
BERND R. BIENERT ÜBER RUDI VAN DANTZIGS WIENER BALLETT-THEATER

EDELTRAUD BREXNER, RICHARD NOWOTNY, ULLY WÜHRER, GISELA CECH, 84
GABRIELE HASLINGER, BRIGITTE STADLER

WER SONST, WENN NICHT ICH? 89
RUDOLF NUREJEW – PARTNER, FREUND, KOLLEGE
GERHARD BRUNNER

DIE EINSAMKEIT DES LANGSTRECKENTÄNZERS 102
EIN PORTRÄT
KLAUS GEITEL

WIEN UND DAS KÜNSTLERISCHE ERBE DES STARS 110
JARMILA WEISSENBÖCK

DIRIGENT OHNE POSE 112
MEINHARD RÜDENAUER

KURZBIOGRAPHIEN 116
PERSONEN- UND WERKREGISTER 121
BILDNACHWEIS 125

Überblendung: Yoko Morishita und Nurejew in *Le Spectre de la Rose*, Nurejew und Michael Birkmeyer in *Lieder eines fahrenden Gesellen*, Seoul-Japan-Bangkok-Tournee 1984 des Wiener Staatsopernballetts

VORWORT

Es freut mich ganz besonders, dass durch die Initiative von Frau Andrea Amort das Österreichische Theatermuseum dem größten Tänzer der zweiten Hälfte des vergangenen Jahrhunderts eine Ausstellung zum Thema *Nurejew und Wien. Ein leidenschaftliches Verhältnis* widmen kann.

Es ist Nurejews besondere Verbindung zu Wien, die uns interessiert – sie dauerte mehr als 25 Jahre an. In seinen sehr unterschiedlichen Beziehungen zu unserer Stadt wird diese besondere Verbindung anlässlich seines 10. Todestages in der Ausstellung besonders hervorgehoben.

Ein Künstler, der von Millionen Menschen gesehen worden ist, der Schlagzeilen mit seiner Kunst und seinem Charisma auch abseits der Kulturberichterstattung machte, hat der Stadt Wien mit Kunst und Kritik, und im Besonderen dem Staatsopernballett, immer wieder auf die Sprünge geholfen. Dass Rudolf Nurejew zwar österreichischer Staatsbürger, aber nicht Ballettchef geworden ist, mag man aus den historischen Umständen heraus verstehen; eine vergebene Chance war es, wie Gerhard Brunner schreibt, allemal.

Ich freue mich, dass für diese dokumentarische Ausstellung Jarmila Weißenböck und Andrea Amort wieder zusammengearbeitet haben; sie konnten ihre Idee und ihr Konzept überzeugend realisieren. Andrea Amort war es auch, die gleichsam federführend die Katalogredaktion innehatte. Ihr und allen Autorinnen und Autoren danke ich vielmals für die interessanten Beiträge, durch die dieses Buch zustandegekommen ist.

Für die Öffentlichkeitsarbeit bedanke ich mich bei Annita Mader vom Kunsthistorischen Museum, sowie bei Elisabeth Ornauer vom Österreichischen Theatermuseum, der ich auch für die organisatorische Umsetzung danke. Die Gestaltung der Ausstellung stammt vom Architektenteam Blaich + Delugan. Ihnen und allen Mitarbeitern an der Ausstellung sei bestens gedankt.

Es hat nur weniger Gespräche bedurft, um eine äußerst gedeihliche Zusammenarbeit mit der Wiener Staatsoper für diese Ausstellung in die Wege zu leiten. Ich bedanke mich dafür bei Herrn Direktor Holender, Herrn Blaha, Herrn Oberzaucher, wie auch bei Frau Sedivy. Die Qualität der Kooperation hat uns davon überzeugt, dass wir auch in Zukunft mit der Wiener Staatsoper zusammenarbeiten werden, worauf ich mich schon jetzt sehr freue.

DR. THOMAS TRABITSCH
DIREKTOR DES ÖSTERREICHISCHEN THEATERMUSEUMS

VORWORT

NUREJEW UND WIEN: „Wien ist keine Ballettstadt." Ein Ausspruch, der oft zu hören ist und an dem insofern etwas Wahres dran ist, als diese vorauseilende Verneinung einer Abtötung der Kunstform gleichkommt. Trotz ständiger Missachtung und in der Gunst vieler Verantwortlicher stets dem Musiktheater und dem Schauspiel, der Bildenden Kunst und dem Film nachgereiht, gibt es den klassischen Tanz in dieser Hauptstadt doch. (Neben vielfältigen zeitgenössischen Tanzformen.) Immer dann, wenn gewiefte LeiterInnen am Haus am Ring bestellt waren, erreichte das Wiener Staatsopernballett im Sog bedeutender ChoreographInnen und TänzerInnen überregionale Bedeutung. Immer wieder suchte man während des letzten Jahrhunderts den Kontakt zu russischen, exilrussischen oder wenigstens russisch geprägten KünstlerInnen, deren Technik, Stil und Ausdruck seit Marius Petipas Wirken und weiterführenden Reformbewegungen in St. Petersburg tänzerisch vorbildgebend für den gesamten Westen waren, deren choreographische Ambitionen aber sich wegen der Verordnung des sozialistischen Realismus in der Kunst vorwiegend im Westen individualistisch und eigenpersönlich entfalten konnten.
Wiens Ballettdirektor Aurel von Milloss hatte die geniale Idee, und das ist nicht übertrieben, für den Herbst 1964 den 26jährigen Rudolf Nurejew als Tänzer und Choreographen für die *Schwanensee*-Premiere an der Wiener Staatsoper zu verpflichten. Er setzte damit den Beginn einer neuen Ära in der Wertschätzung der Kunstform Ballett. Denn plötzlich schaute „man" nach Wien. Nurejew war bereits in seiner Heimat ein Star, schon vor dem legendären „Absprung" vom Kirow Ballett am Pariser Flughafen Le Bourget am 17. Juni 1961. Seltsamerweise sollte ausgerechnet Wien, das in der unglaublich reichen Karriere des Tänzers und Choreographen nur eine Stadt unter vielen war, eine nicht unwesentliche Rolle spielen.
Wien war die erste Stadt im Westen, in der er 1959 anlässlich der 7. Kommunistischen Weltjugendfestspiele auftrat. In Wien machte er mit dem *Schwanensee* 1964 seine erste große Einstudierung außerhalb des britischen Royal Ballets, des führenden Ensembles seines damaligen Gastlandes. In Wien schuf er seine erste, abseits Petipascher Vorgaben entwickelte, Choreographie zu zeitgenössischer Musik: das von der Kritik verrissene Stück *Tancredi* zu Musik von Hans Werner Henze (1966). Im selben Jahr brachte er in Wien statt eines ursprünglich geplanten *Nussknackers* seinen ersten *Don Quixote* heraus, der, nach dramaturgischen Veränderungen, von hier in die Welt hinaus ging. Nach drei relativ intensiven Wiener Jahren war es dann vor allem Gerhard Brunner, der in seiner Eigenschaft als Ballettdirektor Nurejew ab 1977 wieder enger an die Staatsoper binden konnte. Neben Wieder- und Neueinstudierungen und vielen Auftritten in modernen Choreographien, darunter in der Uraufführung *Ulysses* von Rudi van Dantzig mit Musik von Roman Haubenstock-Ramati, wurde Nurejew hier zwar nicht Ballettchef, aber österreichischer Staatsbürger und Ehrenmitglied der Wiener Staatsoper. Wenige Tage nach seinem 50. Geburtstag nahm er Abschied von der Rolle des Siegfried in seinem Wiener *Schwanensee*.
167 Mal ist Nurejew insgesamt mit dem Staatsopernballett aufgetreten. Gemessen an seinen gesamten Auftritten ist das nur ein Bruchteil, für Wiener Verhältnisse aber eine erkleckliche Anzahl, von der Tänzerkollegen und Publikum lange zehrten. In Wien widmete er sich dem Dirigieren eindringlicher als anderswo und fühlte sich bei „seiner" Familie Hübner wohl.

EIN LEIDENSCHAFTLICHES VERHÄLTNIS: Man sagt, und es sind in der Tat viele KollegInnen, vor allem aber Fans, Verehrer, Zuschauer, dass Wien sein bestes, vor allem sein treuestes Publikum war. Eines, das ihn und Margot Fonteyn 1964 mit 89 Vorhängen nach der Premiere von *Schwanensee* ins Guiness-Buch der Rekorde brachte; auch die *Don Quixote*-Premiere verzeichnete noch 38 Vorhänge. Eines, das ihm bis zuletzt, als er alters- und krankheitsbedingt viel seines Glanzes eingebüßt hatte, immer noch Respekt zollte. Und das trotz, oder vielleicht auch gerade wegen, seiner anhaltend geäußerten Kritik, mit der er – ganz unösterreichisch – nie hinter dem Berg hielt. Nurejew hat nicht nur TänzerInnen und Ensembles während seiner Karriere angespornt, er ist zum Mythos für KünstlerInnen und Kunstbegeisterte geworden, die ihn selbst nicht mehr auf der Bühne gesehen haben. Seine Leidenschaft für den Tanz übertrug sich auf Zuschauer wie auf Mitarbeiter gleichermaßen.
Am 6. Jänner 2003 jährt sich sein Todestag zum 10. Mal. Wien darf sich – trotz aller Widrigkeiten – freuen, ein markanter Punkt auf der tänzerisch-choreographischen Landkarte eines der größten Künstler in der Geschichte des Balletts gewesen zu sein.
Auf den folgenden Seiten nehmen AutorInnen, die seine Karriere in Wien verfolgt haben, zum Phänomen Nurejew Stellung. Einige bisher nicht bekannte Aspekte, darunter der Einspruch der sowjetischen Botschaft in Wien hinsichtlich des ersten Engagements Nurejews, werden in diesem Buch erstmals veröffentlicht

DR. ANDREA AMORT

DANKSAGUNG

Mein besonderer Dank geht zunächst an Christa und Alex Ursuliak, die an das Projekt von Anfang an geglaubt haben, und an die kollegiale Unterstützung von Alfred Oberzaucher.

Sowie, in chronologischer Reihenfolge, an Jarmila Weißenböck, Ulrike Dembski, Wilfried Seipel, Thomas Trabitsch und Elisabeth Ornauer, die Ausstellung und Buch ermöglichten. An Traude Klöckl, Renato Zanella, Jutta Maly, Katharina Sedivy und Ioan Holender, die seitens der Wiener Staatsoper ihr Ja und ihre Hilfe gaben.

An Othmar Barnert, Bernd R. Bienert, Michael Birkmeyer, Irina Borowska-Musil, Gisela Cech und Paul Vondrak, Paul M. Delavos, Gerlinde Dill, Thomas Gabler, Klaus Geitel, Hans Heinz Hahnl, Gabriele Haslinger-Steindl, Lydia und Elisabeth Hübner, Edith Jachimowicz, Winnie Jakob, Snezana Jankovic, Sylvia Kargl, Robert Kittler, Susanne Kirnbauer, Leopold Marksteiner, Edeltraud Brexner und Richard Nowotny, Evelyn Téri und Karl Musil, Karlheinz Roschitz, Meinhard Rüdenauer, Brigitte Stadler.

An Gerhard Brunner.

An Sir John Tooley, Präsident der Rudolf Nureyev Foundation, England.

An Wallace Potts, Filmarchivar der Rudolf Nureyev Foundation, USA.

An Madeleine Nichols, Tanzkuratorin der New York Public Library, New York.

An Francesca Franchi, Archives of the Royal Opera House, London.

An Hélène Ciolkovitch, Cercle des amis de Rudolf Noureev, Paris.

An die Wiener Staatsoper GmbH.

An das ORF-Archiv, Peter Dusek, Peter Kraus-Kautzky und Alexandra Lipowsky (Dokumentation - Hörfunk), Wien.

An das Österreichische Staatsarchiv, Wien.

An die Alfred Klahr-Gesellschaft, Wien.

An das KURIER-Archiv, Wien.

An das KRONE-Archiv, Wien.

An die Wiener Festwochen.

Dank gebührt auch den PhotographInnen: u.a. Heidi und Benno Cziep, Josef Dürport, Studio Fayer, Helmut Koller, Franz Hubmann, PALFFY, Claudia Prieler, Harry Weber und Axel Zeininger, sowie Lord Snowdon.

Schwanensee, 1. Akt

MIT BEITRÄGEN VON:
Andrea Amort
Bernd R. Bienert
Michael Birkmeyer
Edeltraud Brexner
Gerhard Brunner
Gisela Cech
Gerlinde Dill
Klaus Geitel
Gabriele Haslinger
Susanne Kirnbauer
Karl Musil
Richard Nowotny
Alfred Oberzaucher
Karlheinz Roschitz
Meinhard Rüdenauer
Brigitte Stadler
Alexander Ursuliak
Jarmila Weißenböck

Nurejew im Profil: ein Photo von Franz Hubmann

DIE BIOGRAPHIE

1938, 14. (?) März: Nurejew wurde in einem Waggon der Transsibirischen Eisenbahn auf der Fahrt entlang des Baikalsees geboren. Die Geburt wird am 17. März in Rasdolnoje amtlich gemeldet. Die Eltern sind baschkirische Tataren.

1938 bis 1955: Er ist in Moskau und Ufa aufgewachsen. Erste Tanzerfahrungen im Volkstanz. Mit 11 Jahren erster Ballettunterricht bei Anna Udelzowa in Ufa. Tanzt mit dem Ensemble des Baschkirischen Theaters für Oper und Ballett in Ufa.

1955 bis 1958: Studium am Choreographischen Institut Agrippina Waganowa in Leningrad. Sein Lehrer ist Alexander Puschkin.

1958, im November: Erste Hauptrolle als Mitglied des Leningrader Kirow Balletts mit der führenden Ballerina Natalia Dudinskaja in *Laurencia*. Nurejew wird daraufhin enthusiastisch als Nachfolger der großen sowjetischen Vertreter des heroisch-lyrischen Tanzstils, Alexej Jermolajew und Wachtang Tschabukiani, gefeiert.
Tanzt außerdem die Hauptrollen in *Gajaneh*, *Nussknacker*, *La Bayadère*, *Giselle*, *Don Quixote*, *Dornröschen* und *Schwanensee*.
Er beginnt seine Kostüme eigenmächtig zu verändern, um sein Erscheinungsbild zu optimieren und wehrt sich alsbald gegen das Tragen von Perücken. Er verändert Schritte in den von ihm getanzten Variationen und sucht nach eigenen Rollen-Interpretationen; eine individualistische, unübliche Vorgangsweise, die ihm die Unbill der Ballettleitung aber auch politischer Autoritäten einbringt.

1959: Erste Auftritte im Westen bei den 7. Kommunistischen Weltjugendfestspielen in Wien.

1961: Ursprünglich nicht auf der Liste jener Kirow-Tänzer, die nach Paris fahren sollen, darf er auf ausdrücklichen Wunsch der Gastgeber doch ausreisen. Seine Pariser Auftritte begründen seinen Starruhm.

1961, 17. Juni: Spektakuläres Ansuchen um politisches Asyl am Flughafen Le Bourget. Erster „Absprung" eines sowjetischen Künstlers während des Kalten Krieges.

1961 bis 1992: Drei Jahrzehnte einer Karriere als bedeutendster Tänzer der zweiten Jahrhunderthälfte. Seine Erscheinung wird durchaus kontroversiell aufgenommen. Nurejew präsentiert auf der Bühne nicht nur sein außergewöhnliches, wenn auch unperfektes Können, sondern immer auch seinen facettenreichen, unberechenbaren Charakter. In den 60er und frühen 70er Jahren ist er ein blendend aussehender junger Mann, der Gegensätze zu verbinden versteht: Sanftheit und Wildheit, Intelligenz und Instinkt. Er stellt seine Erotik unverhohlen zur Schau und wird zu einem Popstar des Balletts.
„Einige Unebenheiten in seiner Technik haben ihn als echten Virtuoso disqualifiziert. In seinem Tanz beherrschte er jedoch einige virtuose Elemente von unerreichbarer Grandiosität, besonders in einer Vielzahl von enorm großen langsamen Sprüngen und Drehungen in der Luft, die Schreie der Begeisterung und spontanen Applaus vom Publikum auslösten. Einer seiner Lehrer in den frühen 60er Jahren behauptete, dass Nurejew über zehn Fuß hoch und weit springen konnte (ungefähr drei Meter), mit nur einem simplen Plié als Vorbereitung. Seine bravouröse Präsentation war eine Wechselwirkung aus poetischem Stil und eloquenter Legato-Phrasierung, beides entsprang seinem empfindsamen musikalischen Bewusstsein."[1] Vorerst im International Ballet of the Marquis de Cuevas engagiert, debütiert er 1961 in London, 1962 in den USA. Formt im Februar 1962 die heute legendäre Partnerschaft mit Margot Fonteyn. Bis Mitte der 70er Jahre in erster Linie mit dem Royal Ballet verbunden, gibt er ab 1974 eigene Saisonen mit „Nureyev & Friends"-Programmen und tritt weltweit mit nahezu allen bedeutenden klassischen Kompanien auf.
Schlägt als Tänzer eine Brücke zwischen klassischem und modernem Tanz, indem er mit den Ensembles von Martha Graham, Paul Taylor und Murray Louis auftritt.
Sein Repertoire umfasst rund 150 Partien.
Er tritt pro Jahr rund 250 Mal auf.

Choreographen wie Frederick Ashton, Kenneth MacMillan, Roland Petit, Rudi van Dantzig, Paul Taylor, Maurice Béjart, Glen Tetley, Martha Graham, Murray Louis und George Balanchine kreieren Ballette für ihn.

Mit seinen Klassikerinszenierungen setzt er neue Maßstäbe für die Rezeption der Ballette des 19. Jahrhunderts. Er fungiert indirekt auch als Ballettmeister und als Neuerer des klassischen Balletts.

1963 bringt er für das Royal Ballet den *Schatten*-Akt aus *La Bayadère* zur Aufführung. 1964 ebenfalls für das Royal Ballet *Raymonda* und für die Wiener Staatsoper *Schwanensee*, 1966 für die Mailänder Scala *Dornröschen* und für die Wiener Staatsoper *Don Quixote*, 1967 für das Königlich Schwedische Ballett *Nussknacker*, 1992 für das Ballett der Pariser Oper *La Bayadère*. Diese Produktionen werden von zahlreichen anderen Ensembles übernommen.

Dazu kommen Einstudierungen der Pas de deux aus *Le Corsaire* und *Gajaneh* (beide 1962), des Pas de deux *Diana und Aktäon* (1963), des Grand Pas aus *Paquita* und des Pas de six aus *Laurencia* (beide 1964).

Nurejew ist im Westen nie Mitglied eines Ensembles.

Eigene Choreographien: *Tancredi* (Wiener Staatsoper, 1966), *Romeo und Julia* (London Festival Ballet, 1977), *Manfred* (Pariser Oper, 1979), *The Tempest* (Royal Ballet, 1982) sowie *Bach-Suite* (gemeinsam mit Francine Lancelot, 1984), *Washington Square* (1985) und *Cendrillon* (1986, alle für die Pariser Oper).

Dreht die Tanzfilme: *An Evening with The Royal Ballet* (1963), *Romeo und Julia* (1965), *Schwanensee* und *Le Jeune Homme et La Mort* (beide 1966), *I am a Dancer* (1972) und *Don Quixote* (1973) sowie die Spielfilme *Valentino* (1976) und *Exposed* (1983).

Musicalauftritte in *The King and I* (1989).

1982, 25. Jänner: wird österreichischer Staatsbürger.

1983 bis 1989: Ballettdirektor der Pariser Oper. Schafft einen Spielplan aus eigenen Werken, Klassiker-Inszenierungen und Auftragschoreographien zeitgenössischer KünstlerInnen. Das Ensemble ist unter seiner Leitung führend in der westlichen Welt.

1984: Nurejew erkrankt an Aids, tanzt aber noch Jahre weiter.

1987: Michail Gorbatschow erlaubt Nurejew seine sterbende Mutter in Ufa zu besuchen.

1989: Nach 28 Jahren im Exil Wiederauftreten im Kirow Theater. Trotz Krankheit tanzt er fünf Vorstellungen (u.a. *La Sylphide* mit Schanna Ajupowa)

1991: Debüt als Dirigent.

1992, Februar: Letzter Auftritt als Tänzer.

1993, 6. Jänner: stirbt an den Folgen von Aids in Paris.
Die Beisetzung findet am 12. Jänner auf dem russischen Friedhof in St. Geneviève des Bois statt.

Nurejew galt nicht nur als herausragender Tänzer und Künstler, er hatte auch ein beachtliches Vermögen erwirtschaftet, das ihn zum reichsten Mann des Balletts machte. Sein Vermögen ging auf seinen Wunsch in die Nurejew-Stiftung ein.

a.o./a.a.

1 Zit. nach David Daniel, International Encyclopedia of Dance, New York, 1998

DIE WIEN-DATEN

1959, 27. Juli bis 3. August: Erste Auftritte im Westen im Rahmen der 7. Kommunistischen Weltjugendfestspiele in Wien von 26. Juli bis 4. August. Vorstellungen des Leningrader Balletts mit Divertissement-Programmen, die Auftritte Nurejews beinhaltet haben: 27. Juli (Raimundtheater), 28. Juli (Konzerthaus), 30. Juli (Ronacher), 1. August (Raimundtheater), 3. August (Stadthalle). Das Abschlusskonzert der Preisträger der Wettbewerbe – Nurejew und Alla Sisowa bekommen für ihre Darbietung des Pas de deux aus *Le Corsaire* die Note 10,0 – findet am 3. August ab 18 Uhr im Konzerthaus statt. Es ist anzunehmen, dass das Paar sowohl an dieser Veranstaltung als auch an dem um 20 Uhr beginnenden Programm in der Stadthalle teilnahm.
Nurejew tanzt in Wien mit Alla Sisowa den Pas de deux aus *Le Corsaire*, mit Ninel Kurgapkina im Pas de six aus *Laurencia* und Ausschnitte aus *Gajaneh*.

1964, 15. Okt.: Neufassung des *Schwanensee* mit dem Wiener Staatsopernballett. Auf dem Programmzettel wird vermerkt: Choreographie von Rudolf Nurejew – Frei nach Petipa und Iwanow. Ausstattung: Nicholas Georgiadis.
Nurejew tanzt die Premiere mit Margot Fonteyn.
Die Protagonisten werden 89 Mal vor den Vorhang geklatscht: eine bis heute unüberbotene Anzahl von „Hervorrufen für Balletttänzer", die im Guiness-Buch der Rekorde verzeichnet ist.

1966, 18. Mai: Uraufführung der ersten selbständig erarbeiteten Choreographie *Tancredi* (Musik: Hans Werner Henze) mit dem Staatsopernballett, die Nurejew auch selbst tanzt.

1966, Juni: Der Film *Der Schwanensee* wird gedreht. Mit Nurejew und Fonteyn, sowie dem Staatsopernballett und den Wiener Symphonikern unter John Lanchbery. Choreographie: Rudolf Nurejew. Regie: Truck Branss. Unitel-Produktion.

1966, 20. Okt.: Erster Auftritt als Albrecht in *Giselle*, mit dem Staatsopernballett. Seine Partnerin ist Yvette Chauviré.

1966, 1. Dez.: Erste Einstudierung des *Don Quixote*, mit dem Staatsopernballett. Die Inszenierung geht nach dramaturgischen Veränderungen von Wien aus in die Welt. Nurejew tanzt die Premiere mit Ully Wührer.

1967, 10. Sept.: Beginn der Aufführungsserie des Frederick Ashton-Balletts *Marguerite und Armand* mit Nurejew und Fonteyn, sowie dem Staatsopernballett. In dieser Programm-Konstellation hat auch George Balanchines *Apollo* Premiere. Nurejew hat diese Rolle mit John Taras in Wien erarbeitet und tanzt hier auch die Premiere mit Ully Wührer als Terpsichore.

1971, 20. Juni (Salzburg): Choreographie des Grand Pas aus *Paquita* von Nurejew, getanzt vom Wiener Staatsopernballett.

1975, 17. und 18. Okt.: Gastspiel des Holländischen Nationalballetts an der Wiener Volksoper. Nurejew tanzt *Le Corsaire* und in Rudi van Dantzigs Choreographie *Blown in a Gentle Wind*.

1976: Ballettchef Gerhard Brunner plant eine kontinuierliche Zusammenarbeit mit Nurejew, die bis 1990 andauern sollte.

1977, 19. Nov.: Neueinstudierung des *Don Quixote* mit dem Staatsopernballett. Nurejew tanzt die Premiere mit Gisela Cech.

1977, 3. Dez.: Wiederaufnahme des *Schwanensee* mit dem Staatsopernballett. Nurejew tanzt die Premiere mit Cynthia Gregory.

1979, 7. Jänner: Einstudierung des Pas de deux aus *Blumenfest in Genzano*. Nurejew tanzt mit Gabriele Haslinger. Am selben Abend wird das von Rudi van Dantzig choreographierte Ballett-Theater *Ulysses* zu Musik von Roman Haubenstock-Ramati und in der Ausstattung von Toer van Schayk uraufgeführt. Nurejew tanzt die Titelrolle.

In einem entscheidenden Punkt treffen sich diese beiden Künstler: in ihrer konsequenten Verachtung alles äusserlich Bravourösen, in ihrer Konzentration auf das wesentlich Innere ihrer Rollen und in ihrer absoluten Ehrlichkeit, die ihre Technik stets der Rollendurchdringung unterordnet.
Gerhard Brunner, Express, 16. Oktober 1964

Nurejew und Fonteyn in Schwanensee, 2. Akt

1980, 15. Okt.: Einstudierung des *Dornröschen* mit dem Staatsopernballett. Nurejew tanzt die Premiere mit Gisela Cech. Bereits im Herbst 1979 wurde Nurejew als Wiener Ballettchef gehandelt. Ein Jahr später taucht das Gerücht, dem allerdings Gespräche des neuen Operndirektors Lorin Maazel vorangingen, wieder auf. Auf Grund eines missverständlich interpretierten Fernsehinterviews mit Nurejew gibt es zwar in der Staatsoper Grund zur Unruhe, die Diskussionen aber, um einen künftigen Ballettchef Nurejew, ebben ab.

1981, 8. bis 14. Sept.: Gastspiel des Staatsopernballetts in Athen mit Eva Evdokimova und Cynthia Gregory. Nurejew tanzt *Dornröschen* und *Schwanensee*.

1982, 25. Jänner: Verleihung der österreichischen Staatsbürgerschaft.

1983, 27. Nov.: 100. Aufführung des Nurejewschen *Schwanensee*. Es tanzen Nurejew und die Ballerinen Gisela Cech (2. Akt), Brigitte Stadler (Debüt als Odile, 3. Akt), Lilly Scheuermann (4. Akt). Geteilt wurde anlässlich dieser Festvorstellung auch die Rolle des Zauberers: auf Ludwig M. Musil (2. und 4. Akt) und Karl Musil (3. Akt). Lucia Bräuer tanzte wie in der Premiere von 1964 die Königin, Ballettmeisterin Gerlinde Dill war – wie 1964 – als eine der beiden spanischen Tänzerinnen zu sehen. Jolantha Seyfried debütierte als ungarische Tänzerin.

1984, 21. Sept. bis 14. Okt.: Gastspiel in Seoul, Japan und Bangkok mit Eva Evdokimova, Yoko Morishita und dem Wiener Staatsopernballett, mit 20 Vorstellungen und insgesamt 5 Programmen, darunter Nurejews *Dornröschen*. Nurejew tanzt u.a. den Florimund in den *Dornröschen*-Aufführungen sowie *Lieder eines fahrenden Gesellen* mit Michael Birkmeyer und *Le Spectre de la Rose* mit Yoko Morishita.

1985, 26. Jänner: Einstudierung der *Raymonda* mit dem Staatsopernballett. Nurejew tanzt die B-Premiere mit Brigitte Stadler. Die A-Premiere bestritten Gyula Harangozó und Gisela Cech.

1988, 25. und 26. März: Nurejews Abschiedsvorstellungen als Siegfried in seinem *Schwanensee* mit Yoko Morishita. Susanne Kirnbauer gibt die Königin.

1988, April: Verleihung der Ehrenmitgliedschaft der Wiener Staatsoper in New York.

1991, 25. Juni: Dirigentendebüt in Wien mit dem Wiener Residenz Orchester im Palais Auersperg. 30 Jahre im Westen.

1992, 1. Jänner: Mitwirkung im – vom ORF weltweit live übertragenen – Neujahrskonzert der Wiener Philharmoniker unter der Leitung von Carlos Kleiber. Choreographie des Walzers *Tausend und eine Nacht*: Gerlinde Dill.

1993, 8. Feb. bis 6. März: Ausstellung *Impressionen – Rudolf Nurejew in memoriam* im Gobelinsaal der Wiener Staatsoper (in Zusammenarbeit mit dem Österreichischen Theatermuseum).

1993, 16. und 19. Feb.: Hommage in memoriam Rudolf Nurejew unter der Leitung von Elena Tschernischova mit dem Staatsopernballett.

1995, 26. Nov.: 100 Jahre *Schwanensee*-Tradition. Matinee mit Ballettdirektor Renato Zanella und Mitgliedern des Staatsopernballetts.

Nurejew mit Theresia Karl in *Apollo*, Prolog, Wien 1967

In Wien gelernt: Balanchines *Apollo*, 1967

1996, 17. Nov. bis 6. Dez.: Ausstellung *Schwanensee in Rudolf Nurejews Fassung* im Gobelinsaal der Wiener Staatsoper (in Zusammenarbeit mit dem Österreichischen Theatermuseum).

1996, 23. Nov.: Neuinszenierung des Nurejewschen *Schwanensee*. Ausstattung: Jordi Roig. Es tanzen Brigitte Stadler und Vladimir Malakhov.

1997, 2. Nov.: Neueinstudierung der Nurejew-Inszenierung *Raymonda*. Es tanzen Simona Noja und Tamás Solymosi.

1999, 22. Sept.: Benennung der Rudolf-Nurejew-Promenade im 22. Wiener Gemeindebezirk.

2003, 7. und 9. Jänner: Gala-Abende zum 10. Todestag von Rudolf Nurejew mit dem Staatsopernballett und Gästen.

2003, 7. bis 26. Jänner: Teil-Ausstellung *Rudolf Nurejew und das russische Ballett in Wien* im Gustav Mahler-Saal in der Staatsoper in Kooperation mit dem Österreichischen Theatermuseum.

2003, 8. Jänner: Nurejew-Symposion im Gustav Mahler-Saal (Vorsitz: Renato Zanella).

2003, 29. Jänner bis 23. März: Ausstellung *Nurejew und Wien. Ein leidenschaftliches Verhältnis* im Österreichischen Theatermuseum (in Kooperation mit der Wiener Staatsoper).

Rudolf Nurejew trat mit dem Wiener Staatsopernballett insgesamt 167 Mal auf, davon 129 Mal in der Staatsoper, fünf Mal in der Volksoper, elf Mal auf Inlandsgastspielen (u.a. in Klagenfurt, Graz, Linz und Salzburg) und 22 Mal auf Auslandsgastspielen.
Neben den erwähnten Rollen tanzte er in Wien auch die Einakter *Adagio Hammerklavier* (van Manen), *Lieder eines fahrenden Gesellen* (Béjart), *Pierrot lunaire* (Tetley), *Letzte Lieder* (van Dantzig), *5 Tangos* und *Lieder ohne Worte* (beide van Manen), sowie das von ihm mitgestaltete Solo *Bach-Suite* (Lancelot).

Es lag Geheimnis um ihn und Verlockung, ein seltsamer Magnetismus, der sofort unwiderstehlich alles Augenmerk auf sich zog, sobald Nurejew nur die Bühne betrat. Man musste ihm seinen Auftritt nicht nachdrücklich choreographieren.
Er war durch seine eigene, ihm eingeborene Strahlkraft von vornherein unübersehbar. Dass er überdies gnädigerweise dazu auch noch tanzte, glich bereits einer hochwillkommenen Zugabe.

Klaus Geitel

Schwanensee, 3. Akt

Das Tanzgenie der Russen

100 Jahre Russische Tanzkunst in Wien   Alfred Oberzaucher

Rudolf Nurejew auf der Fahrt zu den Weltjugendfestspielen in Wien im Juli 1959

Als Alexander Puschkin „der russischen Terpsichore beseelten Flug" heraufbeschwor, um das Tanzgenie seiner Landsleute zu charakterisieren, hatte er wohl die Ballerina Awdotja Istomina im Blick, der er in seinem *Eugen Onegin* ein literarisches Denkmal setzte:

Das Haus ist schon voll; die Logen blitzen; / Parterre und Sperrsitz – alles brodelt; / im Olymp wird ungeduldig geklatscht, / und rauschend hebt sich der Vorhang in die Höhe. / Strahlend, fast ätherisch, / dem Zauberbogen der Geigen gehorsam, / umgeben von der Schar der Nymphen, / steht die Istomina da; / während sie / mit dem einen Fuß den Boden berührt, / beschreibt sie mit dem anderen langsam einen Kreis, / und da! ein Sprung, und plötzlich fliegt sie, / fliegt wie Flaum von Äolus' Lippen; / bald führt ihre Gestalt enge, bald weite Figuren aus, / und ihre flinken Füßchen schlagen gegeneinander.[1]

Wien, 134 Jahre später, Weltjugendfestspiele 1959: Ein Autobus aus Moskau erreicht die Stadt, ihm entsteigen einige der hoffnungsvollsten Talente des Balletts, künstlerische Nachfahren der Istomina. Unter ihnen befindet sich Rudolf Nurejew, Schüler eines Namensvetters des großen Dichters, um hier sein, wie sich herausstellen sollte, wenig beachtetes Debüt im Westen zu geben. Zwei Jahre später: Nach seinem spektakulären „Absprung" in Paris ist der Name Nurejew bereits in aller Munde, als leuchtendes Beispiel jener „âme russe", deren glutvolle Leidenschaft und tiefe Emotionsfähigkeit russische Tänzer neben ihrer besonderen Tanzbegabung kennzeichnen. Dieser Nimbus um russische Tänzer hatte sich spätestens 1909 beim ersten Gastspiel der Ballets Russes in Paris, mit dem Auftreten von Nijinski, Pawlowa, Karsawina und anderen Größen gebildet. Seither sind Begriffe wie „Russisches Ballett" und „Russische Tänzer" zu Synonymen für die ganze Kunstgattung geworden.

Die russischen Namen, die sich in der Wiener Ballettgeschichte seit dem Beginn des 20. Jahrhunderts finden, stellen eine derartige Fülle dar, dass auf eine lückenlose Schilderung zugunsten eines Rasters verzichtet werden muss, der allerdings unter die strukturgebenden Aspekte der Zeitläufte gestellt wird: Im ersten Teil werden die wichtigsten Gastspiele sowohl von Einzeltänzern wie Ensembles bis 1914 aus dem zaristischen Russland genannt; im zweiten sind es hauptsächlich die „Durchziehenden", auf der Flucht befindlichen, die in den zwanziger Jahren in Wien auftreten; im dritten Teil Vertreter aus besetzten Gebieten, aber auch schon Tänzer der Siegermacht Sowjetrussland; im vierten Teil gastierende oder „abgesprungene" Einzeltänzer, große Ensemblegastspiele sowie – vor allem als Choreographen – Russen früherer Auswanderungswellen; der fünfte Teil schließlich ist Zeugnis des nunmehr „freien Marktes", der einerseits Exilrussen, andererseits Tänzer aus den ehemaligen Sowjetrepubliken „anbietet".

I.

Matilda Kschessinskaja gab 1903 mit drei Partnern (Nikolai Legat, Michail Obuchow und Alfred Bekefi) ein Gastspiel in der Hofoper, das vom damaligen Ballettmeister nicht ohne Argwohn – er befürchtete Konflikte mit der Primaballerina des Hauses – gesehen wurde. Tagesgespräch waren die Juwelen der Ballerina, die in engster Beziehung zum Zarenhof stand. Ob Kschessinskaja wusste, dass ein Romanow, der auch wegen seiner Tanzkünste gerühmte Zar Peter der Große, rund 200 Jahre zuvor sich in Wien auf einer Maskerade als friesländischer Bauer verkleidet tänzerisch präsentierte, ist nicht überliefert.

1909 führte Anna Pawlowa ein Hofopern-Gastspiel von Tänzern des Mariinski-Theaters an. Die Ballerina erregte Bewunderung, ebenso die Virtuosität und Energie der Herren. Die Werkauswahl hingegen – *Giselle* und *Schwanensee* – löste damals Befremden aus. Bei Pawlowas Rückkehr nach Wien mit ihrer eigenen Truppe (Theater an der Wien 1914) bezeichnete Alfred Polgar sie als ein „Wunder an transparenter Feinheit, Grazie und Schwerelosigkeit" – nur „das mit der Seele" wollte der Skeptiker nicht so recht glauben.

Zu einem „Sieg des russischen Balletts" gestaltete sich 1912 in der Hofoper das erste Gastspiel von Diaghilews Ballets Russes. Gezeigt wurden neben *Schwanensee* die Reformballette von Michail Fokin. Wazlaw Nijinski wurde stürmisch gefeiert, er habe, so eine Kritik, das Gesetz umgestoßen, dass im Reiche des Tanzes unumschränkt die Frau zu herrschen habe. Führende Ballerinen dieses Gastspiels waren Tamara Karsawina und die Kschessinskaja. Das Ballets Russes-Gastspiel 1913, in dessen Mittelpunkt wieder Nijinski stand, brachte an Novitäten Fokins *Petruschka* und Nijinskis *L'Après-midi d'un faune*. Alma Mahler-Werfel erinnerte sich, Oskar Kokoschkas Augen hätten geweint vor Entzücken über Nijinskis Anmut und Schönheit der Bewegungen. Schon 1912 setzte das Varieté Apollo auf die Anziehungskraft des Begriffs „Russisches Ballett" und verpflichtete Theodor Kosloffs Ensemble für ein vierwöchiges Gastspiel. Als erste Vertreter der russischen Tanzmoderne gastierten das Ellen Tels-Ensemble aus Moskau (Apollo 1913) und der in München ansässige Russe Alexander Sacharoff (Apollo 1914).

II.

Russische Emigranten lösten ab 1919 eine Flut von Tanzereignissen aller stilistischen Spielarten aus. An die Staatsoper wurde 1920 Georgi Kjakscht als Ballettmeister berufen. Sein Engagement dauerte jedoch nur ein knappes Jahr; seine hochfliegenden Pläne (unter anderem *Schwanensee*) konnte er nicht realisieren. Alexander Kotschetowski tanzte 1921 in *Scheherazade*. Tamara Karsawina, die Lieblingstänzerin von Richard Strauss, gastierte 1923 in *Josephs Legende* und gab gemeinsam mit Pierre Wladimirow Tanzabende im Redoutensaal und im Konzerthaus. Im Ronacher trat 1923 das Trefilowa-Wladimirow-Ballett auf, im Apollo das Russisch-Romantische Theater von Boris Romanow. Olga Preobrajenskaja tanzte 1923 als Star des Emigranten-Theaters „Karussell" im Bürgertheater (Conférencier: Egon Friedell). In Cabarets gastierten 1920/21 Kjakscht mit Alice Nikitina und Sofija Iljina, 1921 Bronislawa Nijinska. Die Operette versicherte sich der Mitwirkung des Eltzoff-Ensembles

Oben: „Sieg des russischen Balletts" in Wien 1912: Wazlaw Nijinski (Zeichnung von Oskar Kokoschka)
Mitte: Matilda Kschessinskaja – hier in *Die Tochter des Pharao* – faszinierte die Wiener 1903
Unten: Als „Wunder an transparenter Feinheit ..." bezeichnete Alfred Polgar Anna Pawlowa 1914

Wien 1945: Der Einmarsch der Roten Armee zieht Auftritte der führenden sowjetischen Ballerina Galina Ulanowa nach sich

(*Der letzte Walzer*, Theater an der Wien 1921/22) und der Tanztruppe Boris Romanow (*Hotel Stadt Lemberg*, Johann Strauss-Theater 1929). Für die Revue choreographierte Catherine Devillier (*Schwarz auf Weiß*, Johann Strauss-Theater 1928). Nachhaltige Wirkung erzielte nur das Ellen Tels-Ensemble (mit Mila Cirul), dessen Leiterin sich von 1920 bis 1926 in Wien niederließ. Gastspiele anderer „moderner" Russen waren die von Elsa Krüger (Konzerthaus 1920) und Claudia Issatschenko mit ihrem Plastischen Ballett (Apollo 1925). Zeitbezogen verkörperte Zara Alexejewa in ihrem Tanzabend (Johann Strauss-Theater 1923) das zaristische, das „rote" und das „weiße" Russland. Sascha Leontjew tanzte 1921 erstmals in Wien (Volkstheater), von 1928 bis 1930 war er Ballettmeister der Staatsoper. Als einzige dieser Zeit ist die 1926 nach Wien gekommene Tänzerin und Pädagogin Vera Denisowa ständig in Wien sesshaft geworden.

Große Ensemblegastspiele gaben in den zwanziger Jahren die Ballets Russes (Staatsoper 1927), diesmal mit Choreographien von Léonide Massine, George Balanchine und Nijinska. Das letzte Wien-Gastspiel von Anna Pawlowa fand 1927 in der Volksoper statt. Ein weiteres von Emigranten dominiertes Ensemble, das Ida Rubinstein-Ballett, war 1929 an der Staatsoper zu Gast. Am Ende dieses „russischen" Jahrzehnts erfolgte die Berufung Nijinskas als Ballettmeisterin an die Staatsoper, doch bereits nach sechs Wochen demissionierte die große Choreographin.

Von den Auftritten russischer Tänzer in den dreißiger Jahren seien der Tanzabend von Kyra Nijinski (Konzerthaus 1936), der in Wien geborenen Tochter des großen Tänzers, sowie die Mitwirkung in Revuen der in jenen Jahren eng an Wien gebundenen Galina Sazarina hervorgehoben.

III.

Während des Zweiten Weltkriegs kamen Margarita Froman als Choreographin, Anatol Joukowski als Ballettmeister und Jelena Poljakowa als Trainingsleiterin an das Opernhaus der Stadt Wien (Volksoper). Tamara Rauser wurde Pädagogin am Konservatorium der Stadt Wien und wechselte 1952 an die Akademie für Musik und darstellende Kunst, wo sie bis 1967 verblieb. Rauser stand in enger Verbindung zu der berühmten Moskauer Ballerina Vera Karalli, die sich nach Beendigung ihrer Karriere in Wien niedergelassen hatte.

Der Einmarsch der Roten Armee zog 1945 Gastspiele der führenden Ballerina der Sowjetunion, Galina Ulanowa, ihres Partners Wadim Preobrajenski und weiterer Tänzer des Bolschoi Balletts nach sich (Ronacher und Konzerthaus). Einer dieser Vorstellungen wohnte Nijinski als Zuschauer bei. Assaf Messerer und Irina Tichomirowa traten 1950 im Konzerthaus auf.

IV.

Das erste Gastspiel sowjetischer Tänzer nach dem Ende der Besatzungszeit bestritten 1957 in der Staatsoper Ninel Kurgapkina und Igor Uksusnikow sowie 1958 das Georgische Ballett mit Wachtang Tschabukiani an der Spitze. Die Zeit der Durchlässigkeit des Eisernen Vorhangs für (streng reglementierte) Engagements im Westen von Künstlern aus der Sowjetunion hatte begonnen. 1958 arbeitete erstmals der Exilrusse Massine für das Staatsopernballett, im selben Jahr kam die erste Choreographie von Balanchine ins Repertoire. 1963 wurde Wazlaw Orlikowsky als Gastchoreograph für *Dornröschen* an die Staatsoper geholt – die Hauptrollen tanzten Irina Kolpakowa und Wladilen Semjonow –, von 1966 bis 1971 war Orlikowsky Ballettdirektor.

Von 1964 bis 1990 war Rudolf Nurejew dem Staatsopernballett als Tänzer und Choreograph verbunden. Er schuf für das Ensemble eigene Versionen von *Schwanensee* und *Don Quixote*, sowie als Uraufführung *Tancredi*. Überdies wurden seine Produktionen von *Dornröschen* und *Raymonda* einstudiert. Als Tänzer trat er in 22 Rollen 167 Mal in Erscheinung.

1973 studierte Juri Grigorowitsch den *Nussknacker* ein; die Hauptrollen verkörperten Natalija Bessmertnowa und Michail Lawrowski, die so wie die zwischen 1976 und 1990 auftretenden russischen Gastsolisten zu den Topstars der internationalen

Vera Karalli nach dem *Giselle*-Gastspiel des Bolschoi Balletts in der Wiener Staatsoper inmitten von Marina Kondratjewa, Rimma Karelskaja und Juri Grigorowitsch am 2. Juni 1965

Tanzidol Michail Baryschnikow in Wien als Apollo 1977

Ballettszene zählten. Aus der Sowjetunion kamen in diesem Zeitraum Nadjeschda Pawlowa und Wjatscheslaw Gordejew (*Nussknacker* und *Giselle*), Jekaterina Maximowa und Wladimir Wassiljew (*Don Quixote*) sowie Irek Muchamedow (*Dornröschen* und *Apollo*). Aus dem Kreis der Emigranten gastierten das Tanzidol Michail Baryschnikow (in mehreren Stücken, darunter *Apollo*) sowie Galina Panova und Valery Panov, die unter anderem in Panovs *Petruschka* und *Scheherazade* auftraten. Die Ballettschule der Österreichischen Bundestheater stand von 1979 bis 1985 unter der pädagogischen Leitung von Ludmilla Petrowa.

Seit 1965 gab es die großen umjubelten Auftritte der führenden sowjetischen Balletttruppen in Wien. Den Anfang machte – nachdem eine kleinere Abordnung 1964 im Konzerthaus aufgetreten war – das Bolschoi Ballett im Theater an der Wien und in der Staatsoper. Bis 1986 folgten drei weitere Gastspiele dieses Ensembles. Die repräsentativen Auftritte des Kirow Balletts – ein Solistenensemble war schon 1959 bei den Weltjugendfestspielen zu sehen gewesen – fanden 1969 und 1984 im Theater an der Wien statt. 1974 kam das Permer Ballett in die Stadthalle, 1977 das Maly Ballett ins Theater an der Wien. Im selben Jahr tanzten Natalia Makarova und Michail Baryschnikow als Stars des American Ballet Theatre in Wien.

Ein Vorgriff auf den folgenden Abschnitt – die Zeit nach dem Ende des Bestehens der Sowjetunion – ist die Erwähnung der Gastspiele des Maly Balletts (Theater an der Wien 1997) und des Kirow Balletts (Schloß Schönbrunn 2000), die in den letzten Jahren aus dem inflationären Vorstellungsangebot kleinerer russischer Ballettkompanien herausragten.

V.

Von 1991 bis 1993 war Elena Tschernischova Leiterin des Staatsopernballetts. Die Exilrussin studierte ihre Fassungen von *Don Quixote* und *Giselle* ein. Als Erste Solotänzerin wurde Svetlana Kuznetsova (bis 1995), als weitere Solotänzer Olga Suvorova (1991/92) und Alexej Lapschin (bis 1993) verpflichtet. Neben der legendären Maija Plissezkaja waren 1991 Valentina Kozlova und Aidar Achmetow Gastsolisten.

Mit dem 1992 erfolgten Engagement von Vladimir Malakhov (Erster Solotänzer bis 1994, seither ständiger Gastsolist) kam es wieder zu einer langfristigen Bindung eines Tänzers aus der ehemaligen Sowjetunion an das Staatsopernballett. Als Klassikerinszenator debütierte Malakhov 1999 mit *Die Bajadere* (Assistentin: Valentina Savina), 2001 choreographierte er *Verdi-Ballett: Ein Maskenball*. Seit 1994 ist Alexandra Kontrus (Pestschanskaja) Solotänzerin; Vladimir Tsukanov und Bella Ratchinskaia sind gegenwärtig Trainingsleiter. An der Ballettschule der Wiener Staatsoper unterrichten Ratchinskaia, Nadejda Tikhonova, Valentin Onoschko und Victor Shekhovtsov.

Vor Rudolf Nurejew, der von allen genannten Künstlern den größten Einfluss auf das Wiener Ballettgeschehen ausgeübt hat, verneigt sich das Staatsopernballett anlässlich seines 10. Todestages mit zwei Galavorstellungen am 7. und 9. Jänner 2003.

1 *Alexander Puschkin, Eugen Onegin, Übersetzung von Kay Borowsky, Philipp Reclam jun., Stuttgart 1972, S. 13.*

Vladimir Malakhov in der von ihm inszenierten *Bajadere* als Solor 1999

ERSTES AUFTRETEN IM WESTEN
Nurejew bei den 7. Kommunistischen Weltjugendfestspielen 1959 in Wien

andrea amort

Für Nachgeborene schwer vorstellbar: Die gesamte Wiener Presse, mit Ausnahme der „Volksstimme", boykottierte die zahlreichen Veranstaltungen und Kundgebungen der 7. Kommunistischen Weltjugendfestspiele von 26. Juli bis 4. August 1959 mit eisernem Schweigen. Grundgedanke der erstmals in einem nichtsozialistischen Land stattfindenden „Weltfestspiele der Jugend und Studenten für Frieden und Freundschaft" war, wie Hans Hautmann ausführt, dass junge Menschen aus allen Kontinenten zusammenkommen, (…) einen Meinungs- und Erfahrungsaustausch in den Fragen des Berufs, des Studiums und der Freizeitgestaltung pflegen, religiöse – und weltanschauliche Probleme diskutieren, Mittel und Wege suchen, wie sie am besten gegen Kriegsgefahr, Faschismus, Kolonialismus und Rassismus kämpfen. Auf künstlerischem und sportlichem Gebiet sollten sie Veranstaltungen auf höchstem Niveau sein, Treffen der Delegationen aller Länder mit ihren besten Künstlern und Kulturgruppen, mit ihren besten Sportlern."[1] Die 1945 entstandenen Gründerorganisationen waren von kommunistisch engagierten Mitgliedern dominiert. Ein Umstand, den Hautmann „nicht infolge usurpatorischer Machenschaften, sondern als Konsequenz ihrer international führenden Rolle im antifaschistischen Kampf" sieht.[2] Die Abhaltung des Wiener Festivals wurde von Tausenden Helferinnen und Helfern aus den Reihen der FÖJ, sowie Mitgliedern und SympathisantInnen der KPÖ ermöglicht.[3] Die österreichische Regierung verhielt sich dazu betont zurückhaltend, wissend auch, dass ihr im Kalten Krieg zwischen Ost und West als neutrales Land eine Art Puffersituation zufiel. Bundeskanzler Julius Raab erklärte im Mai 1958, als bereits Gegenkampagnen einsetzten, dass „Österreich als freier demokratischer Staat gar nicht anders handeln kann, denn … sonst müssten alle Kongresse, von welchen auch nur im

Angebot der Antifestival-Bewegung: tägliche Busfahrten zum „Eisernen Vorhang"

entferntesten angenommen werden könnte, dass sie nach einer politischen Richtung tendieren, verboten werden."[4] Tatsache aber war, dass offiziell kommunistisch engagierte Künstler vor allem nach 1948, als die Gangart der Sowjetunion härter wurde, auf Ablehnung seitens des Publikums stießen. Zeitungsredakteure aber auch die „unerfahrene" Jugend wurden dazu angehalten, kommunistisch ausgerichtete Kultur-Veranstaltungen, seien sie künstlerisch noch so aufschlussreich, nicht zu besuchen.[5]

ANTIKOMMUNISTISCHE BEWEGUNG MIT KREISKY, MOLDEN, BRODA

Im Falle der Festspiele unterstützte die Regierung weder die Organisation noch die Antifestival-Bewegung. Letztere hatte sich aus heute sehr prominenten Männern formiert, die im Frühjahr 1958 Leitlinien ausarbeiteten, wie der „kommunistischen Propaganda" zu begegnen sei. Unter den „Antikommunisten" fanden sich Bruno Kreisky, damals Staatssekretär im Bundesministerium für Auswärtige Angelegenheiten, Fritz Molden, damals Herausgeber der „Presse", und Christian Broda, späterer SPÖ-Justizminister. Man beschloss, dem Festival positiv zu begegnen und durch zahlreiche, auch künstlerische Gegenveranstaltungen wie Rock'n Roll- und Jazz-Konzerte, Informationskioske und einer Zeitung, die in sieben Sprachen erscheinen sollte, den Gästen zu zeigen, „wie die freie Welt wirklich aussieht und was sich in ihr abspielt". Die österreichische Presse dagegen sollte nicht berichten. Am Gegen-Zeitungsprojekt arbeiteten übrigens die bekannten Journalisten Gerd Bacher, Hellmut Andics, Claus Gatterer und Wolf In der Maur mit. Im Zuge des „Aufklärungsprogramms" fanden auch täglich Busfahrten zur österreichisch-ungarischen Grenze statt, um den Festivalteilnehmern die Wachtürme und Stacheldrahtverhaue zu zeigen.[6] Trotz der ideologischen Fronten verliefen die Tage des Festivals friedlich. Günther Nenning schrieb im September 1958 in Friedrich Torbergs „Forum": „In der Tat ist es höchste Zeit, daß der mit den Mitteln der Defensive, des Boykotts und der Abstinenz operierende Antikommunismus begraben wird. Genau das obliegt der Jugend. Sie wird ihn durch einen Antikommunismus der Offensive, der Infiltration und der geistigen Aggression zu ersetzen wissen."[7]

Insgesamt waren 112 Länder mit rund 18.000 Teilnehmern vertreten, an die 800 Veranstaltungen fanden nicht nur in geschlossenen Räumlichkeiten, sondern auch auf zahlreichen Freilichtbühnen in ganz Wien statt. Das Kulturprogramm bot unter anderem das Leningrader Kirow Ballett, Roland Petits Ballets de Paris, die Pekinger Oper, das Moskauer Symphonie-Orchester, Rezitationsabende mit Klaus Kinski, sowie

Plakat der Österreichischen Hochschülerschaft

Plakat des Kulturprogramms der Sowjetdelegation

Mit Wladimir Wassiljew (ganz rechts) auf der Gloriette in Schönbrunn im Sommer 1959

FROM THE START I LIKED VIENNA ENORMOUSLY.
IT SEEMED TO ME THE GAYEST, MOST BEAUTIFUL
AND HOSPITABLE CITY I HAD EVER SEEN.
RUDOLF NUREJEW

die Staatlichen Tanz- und Gesangensembles aus der Sowjetunion, Polen, Ungarn, Rumänien und Bulgarien auf. In den Nachmittagsstunden des Samstag, 25. Juli, reiste die Sowjetische Delegation in 40 Autobussen in Wien an. Am Abend fand ein Empfang der Wiener Jugend für die sowjetischen Gäste am Karlsplatz statt.[8] Wie Wladimir Wassiljew, einer der herausragenden Tänzer und Solist des Bolschoi Balletts sich heute erinnert: „Angereist sind wir mit Bussen. In Budapest hatten wir einen Kurzaufenthalt. In Wien waren wir in einem Jugendheim untergebracht. (...) Wir kamen natürlich voll der Erwartungen. Wir hatten ja alle die alten Filme gesehen: Wien, die schöne, fröhliche Stadt. Sie sah dann aber sehr grau aus, es gab noch viele Ruinen. (...) Wir konnten Museen besuchen, gingen auch in Cafés. Wir waren auch in Schloss Schönbrunn. Herrlich! Für mich hatte diese Veranstaltung insofern Bedeutung, als es galt sich der Konkurrenz zu stellen. Es war ja eigentlich kein Festival sondern ein Wettbewerb. Die meisten Teilnehmer kamen aus Leningrad, fast die gesamte Truppe der jungen Solisten des Kirow Theaters. Wir aus Moskau waren nur zu dritt ..." Der sowjetische Geheimdienst war im Dienst. Wassiljew: „Zu sehen waren sie natürlich nicht. Aber wir wussten ohnehin, dass sie da waren. Das war uns ja bereits in Fleisch und Blut übergegangen."[9]

WETTBEWERB: WASSILJEW/MAXIMOWA, SOLOWJOW/KOLPAKOWA, NUREJEW/SISOWA Unter der Konkurrenz, die sich beim Ballett- und Charaktertanz-Wettbewerb im Raimundtheater, einem der zahlreichen künstlerischen Wettbewerbe der Festspiele, einfand, war aus heutiger Sicht die spätere Crème bedeutender Ballett-Solisten aus dem Osten vereint: Wassiljew und Jekaterina Maximowa, Juri Solowjow und Irina Kolpakowa, Gennadi Seluzki und Jelena Rjabinkina, Viktor Róna und Klotild Ugray, sowie Rudolf Nurejew und Alla Sisowa. (In der Abteilung Charaktertanz waren unter anderen Samy Molcho und die Wienerin Helene Donka vertreten.) Unter dem Jury-Vorsitz des sowjetischen Choreographen Rostislaw Sacharow lief der Wettbewerb täglich von 28. Juli bis 2. August zwischen neun und zwölf sowie fünfzehn und achtzehn Uhr ab.[10] Die Jury muss mit diesen außerordentlichen Begabungen ihre liebe Not gehabt haben. Darunter auch Wiens ehemalige Staatsoperntänzerin Riki Raab, die in ihrem Prüfungsprotokoll nur für das Paar Nurejew/Sisowa und deren Präsentation des Pas de deux aus *Le Corsaire* die höchste Punkteanzahl – nämlich 10,0 – notierte.[11] Nachträglich aber einigte man sich darauf, dass alle erwähnten Paare gleicher Art mit Medaillen und Urkunden auszuzeichnen seien. Ein Umstand, über den Rudolf Nurejew angeblich erst viele Jahre später aufgeklärt worden ist. Aus der sowjetischen Tageszeitung „Isswestija" erfuhr der Leser aber bereits am 16. August 1959 von den wahren Gewinnern des Wettbewerbs.[12] Juri Nechoroschow berichtet aus Wien darüber hinaus, dass Nurejew und Sisowa in der Wiener Stadthalle (am 3. August) 17.000 Zuschauer mit ihrer Darbietung des *Corsaire*-Pas de deux in helle Begeisterung versetzt hatten. (Die Veranstaltung begann um 20 Uhr, bereits um 18 Uhr aber war, wie in der Festivalbroschüre verzeichnet, im Konzerthaus das „Abschlusskonzert der Preisträger der Wettbewerbe" angesetzt, an dem Nurejew und Sisowa vermutlich auch mitgewirkt haben.) Den sowjetischen Lesern wurde der Erfolg „der jungen Botschafter des sowjetischen Balletts" eindringlich geschildert. Fragen um Fragen nach Herkunft und Werdegang des 21jährigen Tänzers tauchten auf, die in der Reportage lustvoll abgehandelt wurden. Nurejew in der „Isswestija": „Ich bin ein Tatar aus Ufa. Mein Vater ist Büroangestellter, meine Mutter arbeitet auch. Wir sind eine große Familie, sechs Personen. Wie die meisten sowjetischen Kinder habe ich während meiner Kindergarten-Zeit zu tanzen begonnen und im Club der Pioniere damit weitergemacht. Eine Spielzeit tanzte ich im Corps de ballet des Theaters in Ufa und reiste mit ihm nach Moskau zur Teilnahme am Festival Baschkirischer Kunst und Literatur. Als ich dort war, sahen mich einige Lehrer aus der Leningrader Ballettschule und schlugen vor, dass ich die Aufnahmeprüfung machen soll. Ich machte sie und wurde aufgenommen. Vor einem Jahr habe ich die Schule beendet. In der letzten Spielzeit tanzte ich am Kirow Theater Hauptrollen in den Balletten *Gajaneh*, *Nussknacker* und *Laurencia*."[13] Nechoroschow verabsäumt es nicht, in dem Zeitungs-Gespräch auf Nurejews Lehrer Alexander Puschkin, sowie auf seine Partnerinnen am Kirow Theater hinzuweisen, darunter die führende Ballerina des Hauses, Natalia Dudinskaja, sowie Alla Sisowa und Ninel Kurgapkina.

NUREJEWS AUFTRITTE IN WIEN 1959 Letztere war mit jener Gruppe des Kirow Balletts (darunter auch die Solisten Galina Kirillowa, Ninel Petrowa, Galina Kekischewa, Tatjana Legat, Alexander Gribow, Irina Gensler, Olga Sabotkina, Konstantin Rassadin, Anatoli Sapogow und Alexander Lifschitz) nach Wien gekommen, die gleich mehrere Vorstellungen an verschiedensten Orten gab: Am 27. Juli und am 1. August im Raimundtheater, am 28. Juli im Konzerthaus, im Rahmen eines Festprogramms der Sowjetdelegation, am 30. Juli im Ronacher und am 3. August in der Stadthalle, im Rahmen des Abschiedsprogramms der Sowjetdelegation.[14] Launig berichtet Kurgapkina vom Wiener Aufenthalt mit Rudik, wie Nurejew genannt wurde.[15] Es gab einige freie Abende, an denen die beiden privat tanzen gingen. Auf der Bühne tanzte sie in Wien mit Nurejew im Pas de six aus *Laurencia*, eine Aussage, die darauf schließen lässt, dass Nurejew auch in den Divertissement-Programmen mit Auszügen aus *Schwanensee*, *Gajaneh*, *Raymonda*, *Giselle*, *Laurencia* und

Mit Jekaterina Maximowa vor dem Raimundtheater 1959

Mit Alla Sisowa in *Le Corsaire*, Leningrad 1958

Die Steinerne Blume am 27. und 30. Juli zu sehen war. Wie Diane Solway schreibt, wurde in Wien angeblich die in dieser Zeit von Nurejew und Sisowa geprobte Choreographie *Valse Volonté* von Leonid Jakobson, das erste für Nurejew entworfene Ballett, nicht gezeigt. Es soll sich dabei um einen Walzer von Dimitri Schostakowitsch gehandelt haben.[16] Zeitzeuge Gerhard Brunner aber, der mangels Programmzettel den Ablauf des von ihm miterlebten Abends am 1. August im Raimundtheater nach der Vorstellung in seine Schreibmaschine tippte, verzeichnete damals auch einen Walzer von Schostakowitsch, der von mehreren Tänzern gezeigt worden war. Abgesehen von diesem wohl nicht mehr aufklärbaren Rätsel, tanzte Nurejew an diesem Abend in dem von Galina Kirillowa geleiteten Programm der Nachwuchs-Gruppe des Staatlichen Leningrader Kirow Theaters mit Sisowa den *Corsaire*-Pas de deux und Teile aus *Gajaneh*.[17] Wie heute noch erzählt wird, hatte Nurejew gehofft, in der Wiener Staatsoper aufzutreten. Das Haus aber war wegen der Sommerferien geschlossen.

Rudolf Nurejew hatte sich knapp vor der Abreise nach Wien bei einer *Laurencia*-Probe ernsthaft verletzt. Sein Arzt meinte, es würde zwei Jahre dauern, bis er wieder fit wäre. Der junge Mann schaffte es in sechs Wochen und wie sein Biograph John Percival meint, wäre er längst nicht schmerzfrei gewesen, hätte aber erkannt, dass Schmerzen ihn nicht am Tanzen hindern konnten.[18] Nurejews Name war ursprünglich auch nicht auf der Liste jener Kirow-Tänzer, die nach Wien reisen durften. Er galt bereits als eigenwilliger Außenseiter, war kein Mitglied des Komsomol, der kommunistischen Jugendorganisation, wagte aber trotzdem zu intervenieren und durfte dann doch mit. Geprobt wurde für Wien in Moskau, in unzumutbaren Räumen eines Fecht-Klubs, ein Umstand, der Nurejew so empörte, dass er sich zu einer flammenden Rede hinreissen ließ. Er sprach sich für die Förderung der Individualität des Künstlers und gegen jede Gleichschaltung aus, die Ballett langweilig mache.[19] In Wien wiederum empörte ihn, dass praktisch sämtliche Teilnehmer am Ballettwettbewerb aus dem Osten Gewinner waren. Was habe das mit Individualität zu tun? Angeblich soll es auch beim Wettbewerb keine Programmzettel gegeben haben, sodass eigentlich niemand die Namen der Teilnehmer wusste. Ein weiterer Umstand, der den jungen Solisten aufregte.[20] Auf Grund des Wiener Zeitungsboykotts erschien keine einzige Besprechung, lediglich in der „Volksstimme" war eine allgemein gehaltene Zusammenfassung der künstlerischen Wettbewerbe zu lesen, in der Namen nur aus dem musikalischen Bereich genannt wurden.[21]

Nurejew war vom Flair des Fin de siècle, sowie der musikalischen Vergangenheit der Stadt Wien und ihrem materiellen Reichtum beeindruckt.[22] „From the start I liked Vienna enormously. It seemed to me the gayest, most beautiful and hospitable city I had ever seen."[23] Außerdem bot sich ihm noch die Möglichkeit, zeitgenössisches westliches Ballett zu sehen. Allerdings nicht das Staatsopernballett, denn das Ensemble tanzte in jenen Tagen bei den Bregenzer Festspielen (u.a. *Medusa* von Gottfried von Einem in der Choreographie von Erika Hanka). Es war eine Vorstellung von Roland Petits Ballett *Cyrano de Bergerac* (Marius Constant) im Ronacher, die großen Eindruck auf Nurejew machte. Das Stück war kurz davor uraufgeführt worden. Nurejew gelang es, mit Petit hinter der Bühne zu sprechen und erklärte ihm, dass er seine Arbeit mochte und hoffte, eines Tages im Westen tanzen zu können.[24] Petit choreographierte für ihn und Fonteyn acht Jahre später das Stück *Paradis perdu* (Constant).

WIEN – TOR ZUM WESTEN Anfang September 1964 zieht Ballettkritiker Gerhard Brunner nach seinem Gespräch mit Rudolf Nurejew für den „Express" anlässlich der Proben für *Schwanensee* folgenden Schluss: „Der Eindruck von jenem Wiener Aufenthalt [gemeint sind die Weltjugendfestspiele 1959, Anm. d. Autorin], den Nurejew zu seinen schönsten Erinnerungen zählt, mag in den folgenden zwei Jahren bis zu jenem bereits legendären 17. Juni 1961 weitergewirkt haben, an dem sich der Tänzer zum sensationellen Entschluss durchrang, nicht mehr in die Sowjetunion zurückzukehren. Ein Schritt, der im damaligen Stadium des Kalten Krieges zugleich den Auftakt zur meistkommentierten Künstlerkarriere der westlichen Welt bedeutete."[25]

1 Hans Hautmann, Die Weltjugendfestspiele in Wien 1959, „Alfred Klahr Mitteilungen" Nr. 3/1999, Wien, S. 1.
2 Ebenda.
3 Hautmann, a.a.O., S. 2.
4 Julius Raab, zit. nach: Hautmann, a.a.O., S. 2.
5 Gespräch der Autorin mit Hans Heinz Hahnl, Schriftsteller und ehemaliger Journalist der Wiener Arbeiterzeitung am 10. Juli 2002. Evelyn Deutsch-Schreiner: Theater im Wiederaufbau. Zur Kulturpolitik im österreichischen Parteien- und Verbändestaat, Wien 2001, S. 109 f.
6 Hautmann, a.a.O., S. 3–4.
7 Günther Nenning, zit. nach: Hautmann, a.a.O., S. 5.
8 Volksstimme, 25. Juli 1959.
9 Gespräch der Autorin mit Wladimir Wassiljew am 4. Dezember 2001 mit freundlicher Übersetzung von Edith Jachimowicz.
10 Festivalbroschüre der 7. Kommunistischen Weltjugendfestspiele, Wien 1959, Alfred Klahr-Gesellschaft.
11 Gespräch der Autorin mit Alfred Oberzaucher im Juli 2002.
12 Juri Nechoroschow, zit. nach: Rudolf Nureyev. Three Years In The Kirov Theatre, St. Petersburg 1995, S. 222 f.
13 Ebenda.
14 Festivalbroschüre a.a.O.
15 Ninel Kurgapkina, zit. nach: Rudolf Nureyev, a.a.O., S. 36.
16 Diane Solway, Nureyev. His Life. New York 1998, S. 108.
17 Programm-Mitschrift von Gerhard Brunner, 1. August 1959.
18 John Percival, Nureyev, London 1979 (revised edition), S. 32–34.
19 Alexander Bland. Nureyev, London 1962, S. 80–82.
20 Percival, a.a.O.
21 Volksstimme, 5. August 1959.
22 Solway, a.a.O. S. 106.
23 Bland, a.a.O., S. 82.
24 Solway, a.a.O. S. 107.
25 Gerhard Brunner, Ein Gespräch mit dem Tänzer und Choreographen Rudolf Nurejew. Er lenkt die Augen der Ballettwelt auf Wien, Express, 8. Sept. 1964.

Mit Margot Fonteyn in *Le Corsaire*, London 1970

SCHWANENSEE 1964
Trotz Einspruch der Sowjets ein neues Weltbild für Wien

ANDREA AMORT

Es muss gegen 23 Uhr gewesen sein, an jenem, in die Geschichte eingehenden, denkwürdigen Donnerstagabend in der Wiener Staatsoper. Am 15. Oktober 1964. Nicht zum ersten Mal brandete der Applaus auf, – die Wiener Tänzer hatten den illustren Gästen bereits im dritten Akt auf offener Bühne applaudiert – nun aber, nach dem Untergang des Prinzen in den wogenden Wellen, war der Begeisterung des Publikums kein Ende mehr gesetzt. 89 Mal wurden Margot Fonteyn und Rudolf Nurejew nach der *Schwanensee*-Premiere vor den Vorhang geklatscht. Damit dankte man auch dem Ballett des Hauses, seinem Direktor Aurel von Milloss und nicht zuletzt dem Ausstatter Nicholas Georgiadis und dem Dirigenten Charles Dutoit. Der enorme Beifall verhieß aber auch die bis heute anhaltende Bestmarke von „Hervorrufen für Balletttänzer" im Guiness-Buch der Rekorde.

AUREL VON MILLOSS' COUP Wien konnte sich rühmen, dank eines Coups seines Ballettdirektors, in den Genuss und den Besitz eines vieraktigen, neugedeuteten *Schwanensees* gekommen zu sein, der auch vier Jahrzehnte danach, mittlerweile in neuer Ausstattung, das Herzstück des Repertoires ist und von Nurejew nur noch ein Mal, in Paris 1984, in anderer Auslegung inszeniert wurde. Ein Coup, den damals Wien wohl niemand zugetraut hatte, der aber aus mehreren Gründen fast zwingend ausstand. Zum einen war Milloss, der seit Herbst 1963 bestellt war, mit dem Wunsch angetreten, das Ballett auf ein höheres Niveau zu heben. Darunter verstanden Milloss und der bei Vorgesprächen in der Saison 1962/63 noch amtierende Direktor der Staatsoper, der „erklärte Ballettfreund"[1]

Oben: Raymundo de Larrain stellt Nurejew der Presse als Gasttänzer des Cuevas-Balletts vor, Paris, 21. Juni 1961

Links unten: Die Fonteyn wird in Wien empfangen von: Nurejew, Ballettdirektor Aurel von Milloss und Karl Musil
Rechts unten: Stolze Austrian Airline: Nurejew entsteigt der Maschine

KURIER
Illustrierte
Beilage zum Kurier vom 17. Oktober 1964

Ohne sich von Photoreportern irritieren zu lassen, verfolgt R. Nurejew aufmerksam seine Probe. Die marktschreierische Publicity um seine Person ist ihm unbegreiflich und störend. Dame Margot Fonteyn (im Bild rechts oben) ist seit zwei Jahren in allen großen Rollen seine Partnerin, zusammen tanzen sie in „Schwanensee", „Giselle", „Raymonda", „Le Corsair". Beide sind Stars des englischen Royal Ballet und in London zu Hause, aber ihre eigentliche Heimat sind alle großen Bühnen der Welt. Man kennt und liebt sie in Amerika und Australien ebenso wie in ganz Europa. Willig ordnet sich die große Tänzerin dem jungen Choreographen unter und studiert mit ihm für seine erste Wiener „Schwanensee"-Inszenierung eine größtenteils gänzlich neue Fassung der Petipa-Iwanow-Choreographie. Auf diesbezügliche Fragen wirft sie einen liebevoll-bewundernden Blick auf ihren Partner und lächelt: „Ich habe jetzt schon in so vielen verschiedenen Ensembles, in so vielen Ländern so viele verschiedene Versionen mit ihm getanzt, sollte mir da seine eigene nicht Spaß machen?"

SKANDAL-STAR?

Werbewirksame Titelseite der KURIER-Beilage vom 17. Oktober 1964

Nurejew mit Margot Fonteyn, Wien 1964

Nurejew mit Margot Fonteyn im Prater, Wien 1964

Im Marmorsaal der Wiener Staatsoper 1964

Dirigent Charles Dutoit, Nurejew und Margot Fonteyn in einem Ballettsaal der Staatsoper

Walter Erich Schäfer, sowie ein Vertreter der Bundestheaterverwaltung und der Ballettbetriebsrat Wilfried Fränzel die Neuorganisation der Ballettschule, Neuengagements von Pädagogen für die aktiven Tänzer, eine Ausweitung der Trainings- und Probenzeiten und die Verpflichtung von vier Tänzern, um Lücken im Herrenensemble zu schließen. Die niedrigen Gagen tauchten als Zusatzproblem auf.[2] All diese Maßnahmen sollten Wien internationalen Choreographen wieder attraktiv machen.[3] Zum anderen war das Haus am Ring nach dem plötzlichen explosiven Abschied seines künstlerischen Chefs Herbert von Karajan im Juni 1964 auf der Suche nach neuem Profil. Der seit Herbst 1963 verpflichtete Karajan-Partner Egon Hilbert hatte zwar andere Sorgen als das Ballett, galt es doch rasch einen Spielplan zu finalisieren, der erst Anfang August, wenige Wochen vor Saisonbeginn, offiziell bekannt wurde; er wusste aber mit Sicherheit um die Notwendigkeit eines Erfolgs.[4] Wie der damalige Erste Solotänzer Karl Musil heute knapp formuliert: „Nach Karajan kam Nurejew."[5] Der *Schwanensee* wurde in der Tat die erste große glänzende Herbst-Premiere der Ära Hilbert, die eigentlich Milloss' Wagemut zu verdanken ist.

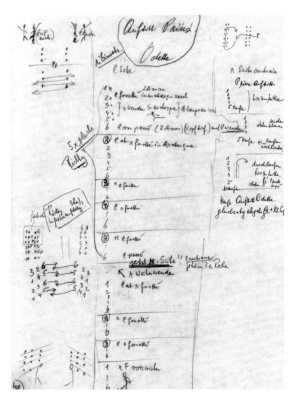

Es war auch Milloss, der die Idee hatte, den seit 1961 mit enormem Erfolg im Westen tanzenden und bald auch choreographierenden 26jährigen Rudolf Nurejew nach Wien einzuladen. Der Tänzer war auch in Österreich ein Begriff, selbst wenn ihn 1959 bei den von der Presse bis auf die „Volksstimme" boykottierten 7. Kommunistischen Weltjugendfestspielen in Wien als Mitglied des Leningrader Balletts offiziell niemand wahrgenommen hatte. Die Wiener Zeitungen hatten knapp über seinen „Absprung" am 17. Juni 1961 am Pariser Flughafen Le Bourget berichtet. Die Wiener Bildagentur Votava hatte sich von einer französischen Agentur ein Photo gesichert, das Nurejew, vier Tage nach seiner weltbewegenden, weil politischen Ausnahme-Entscheidung, mit Raymundo de Larrain zeigt, dem Leiter des Cuevas-Balletts, ankündigend, dass er vorerst mit diesem Ensemble auftreten werde. Eine seiner ehemaligen Partnerinnen am Kirow Ballett (und hilfreiche Stütze bei seiner letzten Einstudierung *La Bayadère* an der Pariser Oper 1992), Ninel Kurgapkina, beschreibt, was unter anderem das Besondere an Nurejews Tanz gewesen sei: Er sei der Erste gewesen, der auf hoher Halbspitze tanzte, der hohe Arabesken und hohe Passés machte, die damals ungewöhnlich waren.[6] Der Ansicht, dass er aber auch noch zu lernen hätte, war die englische Ballettkritik, wobei ihm gleichzeitig zugestanden wurde,

Choreographische Aufzeichnung des *Schwanensee* von Richard Nowotny

Nurejew probt in der Wiener Staatsoper 1964

Bei Proben in der Wiener Staatsoper 1964

dass er vieles konnte, was andere nie lernen würden. Sein Vorbild Erik Bruhn, damals der wohl am meisten geschätzte und gefeierte klassische Tänzer im westlichen Europa, wurde sein Freund und Berater. Frühe Filmaufnahmen zeigen einen ungestümen, kraftvoll und auf Tempo setzenden jungen Virtuoso mit enormem Sprungvermögen.

EIN WUNDER IN WIEN

Nurejew vereinte vieles, was die Tanzwelt in den nächsten Jahren gerne zur Kenntnis nahm, ja sich davon nährte: einen kraftvollen Tanzstil, Technik und Virtuosität, interessantes Aussehen, erotische Ausstrahlung und Unberechenbarkeit. Sein „Beatle"-Haarschnitt, der in den Zeitungen ständig erwähnt wird, unterstrich den Ruf eines Widerständlers. Letztlich war der Fall Nurejew der erste eines schon in Leningrad bekannten Künstlers, der während des Kalten Krieges, Kopf und Kragen für Freiheit riskiert hatte, aus dem politisch ungeliebten Osten kam und dem westlichen Publikum ein neues Ballett-Bild einprägte. Von nun an tanzte (wieder) der Mann, als ebenbürtiger Partner der Frau. „Eine Zeit, die an Wundern so arm ist, hat keinen Grund ihn anders zu nennen", bemerkte Gotthard Böhm in der „Presse"[7], nachdem er einleitend festgestellt hatte, dass der junge Mann die Beine im Restaurant nicht auf den Tisch lege und sich auch sonst wohl verhalte. Auf Grund seines unvorhersehbaren Verhaltens und seiner emotionalen Ausbrüche war ihm der Titel eines Enfant terrible schon vorausgeeilt. Auch die Kehrseite des absoluten Workaholics[8] trug dazu bei, dass ein neues Idol geboren worden war, dessen Wirkung nicht nur Nurejews Wiener Schützling, der spätere Erste Solotänzer Michael Birkmeyer, mit dem Ereignis der Beatles verglichen hat[9].

Der neue Nijinski, ein Star wie die Callas, der Gott des Tanzes, ein Genie – so feierten ihn die Medien, von denen Nurejew wiederum auf subtile Weise in seinem Sinn Gebrauch zu machen verstand. „Skandalstar?" war der Titel der ausführlichen Sonderbeilage des „Kurier" vom 17. Oktober 1964, die Linda Zamponi und der Photograph Peter Lehner gestaltet hatten, wobei sie die von ihnen gestellte reisserische Titelfrage, wenigstens was die Wiener Zeit betraf, verneinen mussten.[10] Der „Kurier" hatte bereits im März 1963 der Londoner Uraufführung des Balletts *Marguerite und Armand* (Liszt) des britischen Choreographen Frederick Ashton für Nurejew und Margot Fonteyn eine Wochenend-Beilage gewidmet.[11]

ALTE [MÄNNER-] ROLLEN NEU DURCHDACHT

Gut möglich, dass in den Tagen dieser publizistisch gut verbreiteten Uraufführung die Gedanken der Staatsoper um ein Engagement des Tänzers Nurejew zu kreisen begannen. Sein choreographisches Talent und seine besondere Wertschätzung für das choreographische Erbe des großen wahlrussischen Ballettmeisters Marius Petipa sollten sich noch im selben Jahr im November mit der Einstudierung des *Schatten*-Aktes aus Petipas *La Bayadère* (Minkus) in seinem Gastland England herausstellen. Im Juli 1964 kam Nurejews zweite größere Einstudierung, wieder für das Royal Ballet, im italienischen Spoleto beim Festival zweier Welten heraus: *Raymonda* (Glasunow), ein im Westen in seiner Gesamtheit davor nie gezeigter Petipa, der mehr als 20 Jahre später Eingang ins Wiener Repertoire finden sollte. Eine Tat, die den Eindruck verstärkte, dass Nurejew die Ballett-Tradition des 19. Jahrhunderts mit seiner Vitalität zu erneuern verstand und dem Publikum mit Veränderungen, die seiner Persönlichkeit und seiner Sicht von einer zeitgemäßen Tradition entsprachen, von einer neuen Seite vorzuführen. Alte Stücke, alte (Männer-) Rollen neu durchdacht, mit Esprit aufgeführt, in ihrer Konsistenz aber bewahrt – das sollte ein wichtiges Verdienst des Ex-Kirow-Ballerinos werden.

CHOREOGRAPHIE IST KEIN MUSEUM

Nurejew hielt selbst nicht viel vom Konservieren einer Choreographie: „To keep a theatrical work alive, to make it have the same effect on the audience as it had when it was first performed, it must be developed all the time. Otherwise, it is dead, something under a glass case in a museum ..."[12] Er änderte nicht nur das russische Erbe sondern auch seine Inszenierungen und Choreographien immer wieder. Ein Umstand, der Richard Nowotny, vor allem Nurejews Gralshüter der *Don Quixote*-Inszenierung (1966), die von Wien mit dramaturgischen Veränderungen in die Welt hinaus ging, immer wieder zum umsichtigen Einschreiten brachte. (Die *Don Quixote*-Einstudierung ersetzte übrigens den von Egon Hilbert betriebenen Plan, Nurejew mit einem Wiener *Nussknacker* zu beauftragen.) Oft genug mag der Hinweis Nowotnys, der schriftliche Aufzeichnungen führte und bald auch den *Schwanensee* betreute, für Nurejew, der aus dem Gedächtnis arbeitete und zu den Neueinstudierungen erst spät kam, wesentlich gewesen sein.[13] Nach dem Kritiker-Mißerfolg seines ersten Balletts mit zeitgenössischer Musik, *Tancredi* von Hans Werner Henze (Wien 1966), statt, wie ursprünglich angekündigt, Prokofjews *Le Chout*, nahm Nurejew als Choreograph Abstand von neuer Musik. Jahre später schlug er Nowotny vor, das Stück doch für Paris einzustudieren. *Tancredi* aber war verloren, es hatte nur vier Aufführungen gegeben. Ein rarer privater Filmmitschnitt einer Bühnenaufführung bestätigt ihm allerdings choreographisches Talent abseits vorgegebener Strukturen.[14]

Nurejew probt *Schwanensee* in der Wiener Staatsoper 1964

Probe in der Wiener Staatsoper 1964

MEHR SCHWÄNE ALS VORHANDEN   Milloss, und das erzählte die Tänzerin und nachmalige Kritikerin Linda Zamponi gerne, nahm sie im Juli 1964 als Dolmetscherin nach Spoleto mit. Unterm Strich kam heraus, dass sich Nurejew in Wien mit sechs Wochen Probenzeit begnügen würde. Das Konzept und die Entwürfe des griechischen Bühnenbildners Nicholas Georgiadis, der bereits Nurejews *Raymonda* hätte ausstatten sollen, waren fertig [15]. Gewohnt an ordentlich großes Corps de ballet, verlangte Nurejew darüber hinaus ausreichend Tänzerinnen, um die Rollen der vier großen, vier kleinen und vierundzwanzig Gruppenschwäne besetzen zu können. Eine Bedingung, die dem Ballettchef mit Sicherheit den kalten Schweiß aus den Poren trieb. [16] Wie der ehemalige Erste Solotänzer Paul Vondrak heute erklärt, sei ein kompletter *Schwanensee* bis dahin an der Staatsoper nicht möglich gewesen. „Wir kamen eigentlich von der Moderne, Gordon Hamilton brachte uns britische Klassik und 1957 den 2. Akt *Schwanensee*. Das Stück gehört aber natürlich ins Repertoire eines Opernballetts und Milloss wollte damit einen Erfolg einfahren." [17] Am 14. Juli meldete die „Wiener AZ" unter dem Titel „Nurejew als Choreograph", dass „zwei neue Sterne am Balletthimmel aufgegangen wären: der Choreograph Rudolf Nurejew und die Primaballerina Doreen Wells", die in letzter Minute für Fonteyn eingesprungen war. [18] Am selben Tag informiert „Die Presse", dass an Nurejew und Fonteyn die Einladungen der Staatsoper ergangen wären, die erste Wiener Ballettpremiere im Herbst mit *Schwanensee* zu bestreiten. [19] Grundlegende Gespräche muss es wohl wesentlich früher gegeben haben, war doch die Premiere bereits für folgenden Oktober angesetzt.

VERHINDERUNGSTAKTIK DER SOWJETS   Die geographische Nähe Wiens zum Eisernen Vorhang, das Urteil des Staatsverrats, das die UdSSR über ihren ehemaligen Solotänzer verhängt hatte, der sowjetische Geheimdienst, der Nurejew auch in Wien folgte, aber auch ganz konkrete aktuelle Einwände der UdSSR zum Wiener Engagement Nurejews, die vor der Öffentlichkeit geheim gehalten wurden, veranlassten die Wiener Behörden entsprechende Vorkehrungen zu treffen. Am 5. August 1964 hatte der sowjetische Kulturattaché P.J. Dejew in der Bundestheaterverwaltung erstmals Bedenken artikuliert: „Wie es der Botschaft aus den österreichischen Zeitungen bekannt wurde, beabsichtigt die Direktion der Staatsoper den ehemaligen sowjetischen Schauspieler [sic!], Staatsverräter Nurejew zur Arbeit und zum Auftreten in Wien einzuladen. Die sowjetische Öffentlichkeit hat zu seiner Zeit die Tat von Nurejew beurteilt. Deshalb wird sie sehr betrübt sein, wenn sie davon erfährt, daß es diesem Abtrünnigen die Bühne des Theaters des uns befreundeten Landes zugänglich gemacht wird." Dejew bemerkte außerdem, dass die UdSSR jederzeit einen guten Choreographen schicken könne.[20] Die Einwände wurden zwei Mal wiederholt, wobei am 22. Oktober bereits von Protest gegen das Auftreten Nurejews gesprochen und im selben Gespräch auch wegen eines Auftritts des Bolschoi Balletts an der Staatsoper interveniert wurde.[21] Die sowjetische Botschaft ließ auch weiterhin nicht locker und versuchte 1965 einen sowjetischen Ballettpädagogen zu entsenden. Das Angebot zielte auf eine Verdrängung Nurejews aus der Staatsoper.[22] Sowohl der Unterrichtsminister als auch die Staatsoperndirektion wurden davon in Kenntnis gesetzt; eine Ausladung (oder gar Auslieferung) des inzwischen staatenlosen Stars wurde nicht in Erwägung gezogen. Anders als in Paris, wo eine 1963 erfolgte Einladung der Pariser Oper durch die sowjetische Botschaft unterbunden wurde.[23] Unterrichtsminister Theodor Piffl stellte in einem Einsichtsakt an die Staatsoper am 11. August 1964 fest: „Allein die Beurteilung seiner künstlerischen Leistungen hat die Direktion der Staatsoper dazu bewogen, den Solotänzer Nurejew zu einer Tätigkeit als Choreograph und Solotänzer an der Wiener Staatsoper vertraglich zu verpflichten. (…) Eine Nichteinhaltung des bereits abgeschlossenen Vertrags würde nicht nur für die Wiener Staatsoper und die Republik Österreich schwerwiegende finanzielle Auswirkungen nach sich ziehen, sondern auch zu heftiger Kritik in der österreichischen Öffentlichkeit führen. Es sei darauf verwiesen, daß namhafte österreichische Künstler, die ihre Zugehörigkeit zu österreichischen Bühnen aufgegeben und ihren Wohnsitz außerhalb der Grenzen Österreichs genommen haben, häufig an österreichischen Bühnen auftreten, ohne daß ihnen deshalb Vorwürfe von staatlicher Seite gemacht würden."

Äußerste Diskretion wurde verlangt, da man Angst hatte, dass die UdSSR in irgendeiner Form für sich Propaganda machen könnte, Nurejews Ankunft in Wien wurde vor der Presse geheim gehalten[24] und offenbar ein vorübergehender „Begleitschutz" angeordnet.

Im einzigen vorgefundenen Bericht der Abteilung I der Polizeidirektion Wien heißt es: „Am 31.8.1964 um 15.10 Uhr, traf der an die Wiener Staatsoper engagierte ehemalige russische Tänzer und Choreograph Rudolf Nurejew mit einer Kursmaschine der SAS-AUA von Kopenhagen kommend auf dem Flughafen Wien ein. Nurejew wurde nach seiner Ankunft am Flughafen von zwei Mitgliedern der Wiener Staatsoper empfangen und fuhr anschließend Gefertigter mit den angeführten Personen mit einem PKW der Wiener Staatsoper in das Hotel ‚Intercontinental', wo für Nurejew ein Zimmer bestellt wurde. Nurejew war nach der Vorstellung des Gefertigten über die Fürsorge der österreichischen Behörden sehr erfreut und ließ im Verlauf des Gespräches durchblicken, dass er sich dadurch geehrt fühlte, doch dürfte hinsichtlich der Sicherheit seiner Person seitens seiner Managerin übertrieben worden sein. Er fühle sich weder bedroht noch verfolgt und benötige keine Begleitung."[25] Auch in den Interviews, die Nurejew der Wiener Presse bald nach seiner Ankunft gab, vermied er klug jede

Zuerst lehnte Nurejew das Photo mit heftigem „No" ab, gab es dann aber doch zum Druck frei

In meiner Bewunderung seines Talents fühlte ich, dass er fähig sein könnte, die traditionelle [Petipa-Iwanow] Choreographie des Balletts *Der Schwanensee* nicht nur in einfacher textgerechter Form, sondern mit Einsatz diesmal schon gesteigert kreativer Neugestaltungsgabe zu erneuern und durch eine derartige Neuinszenierung des Werkes die Aufmerksamkeit der internationalen Ballettwelt nach Wien zu konzentrieren [. . .] Ich dachte, dass wir mit dem zu erwartenden Erfolg für uns nicht nur eine wertvolle Aufführung, sondern auch das Privilegium sichern würden, behaupten zu dürfen, seine Karriere als wirklicher Choreograph habe bei uns ihren eigentlichen Anfang gehabt…
Aurel von Milloss an Staatsoperndirektor Egon Hilbert, 30. Oktober 1964

Der Treue-Schwur, *Schwanensee*, 2. Akt

Pas de deux, *Schwanensee*, 3. Akt

politische Aussage. Linda Zamponi antwortete er im „Kurier"-Gespräch vom 5. September 1964: „Politik existiert für mich nicht, aber es war einfach Zeit für mich wegzugehen. Ich wollte Unabhängigkeit."[26]

BALLETTREFORM NUR AUF DEM PAPIER

Das Wiener Ballett, das seit dem Ende der Monarchie immer wieder zwischen kurzen, großartig anmutenden Höhenflügen, Phasen der Mittelmäßigkeit und manchen Absturz verzeichnete, erreichte im Verlauf der 60er Jahre trotz ehrgeiziger Pläne einen neuerlichen Tiefpunkt. Hans Lossmann schreibt im Mai 1966: „Mit einer von Jahr zu Jahr zusammenschrumpfenden Zahl von Ballettabenden (in dieser Spielzeit waren es nur noch an die zwanzig!) zerstört man das Leistungsniveau auch der besten Truppe."[27]

Die Vorschläge des Kritikers Gerhard Brunner (alias Gerald Geyser) zu einer umfassenden Ballettreform wurden zunächst nicht gehört, obwohl sie auch international veröffentlicht wurden.[28] Hartmut Regitz meint im einflussreichen Jahrbuch „Ballett 1970": „Ein Mann, befähigt, ein speziell wienerisches Repertoire um profilierte Ballette (...) zu erweitern, fand sich indes nicht. (...) Sie alle winkten ab, wenn sie von einer Vorstellungszahl hörten, die unter dem Existenzminimum lag, wenn sie von der Intrigierlust der unbeschäftigten Ensemblemitglieder, der Allmacht der Gewerkschaften und den innerbetrieblichen Verhältnissen erfuhren."[29] 1975 entschloss sich die Staatsoper, Gerhard Brunner als Ballettchef ans Haus zu holen und damit erstmals einen künstlerischen Manager an die Spitze zu stellen. Brunner sollte Nurejew alsbald und ausgiebig wieder an Wien binden.

SCHWANENSEE

Dass Milloss sich als Wiener Ballettchef an den damals berühmtesten Tänzer und an die Inszenierung, die für das Ballett schlechthin steht, wagte, ist ihm noch heute zu danken, brachte der Erfolg dem gesamten Staatsopernballett immerhin neues Interesse. Nun mag man einschränkend sagen, dass offenbar in der Spielzeit 1963/64 – nicht zuletzt mit Nurejew – eine Petipa-Renaissance einzusetzen begann. Brunner schreibt 1965 von einer *Schwanensee*-Welle, die die Ufer des europäischen Ballettrepertoires zu überspülen drohte Nurejews Neufassung aber sei die bedeutsamste: „weil sie am glücklichsten die Mitte zwischen choreographischer Überlieferung und notwendiger Erneuerung findet und Ansätze zu einer modernen Dramaturgie enthält, ohne Stil und Tradition zu verletzen."[30] Der Prinz rückt als psychologisch durchleuchtete Gestalt in den Mittelpunkt. Ein wesentlicher Unterschied zu früheren Versionen, den Nurejew in seinem Wiener *Schwanensee* ausbaute, ein Umstand, der den einflussreichen Kritiker Horst Koegler im englischen Fachmagazin „Dance and dancers" zur Titel-Findung „The ballet called Siegfried" veranlasste.[31]

Die Kirow-Tradition, der Einfluss von Wladimir Burmeisters Inszenierung, John Crankos Neudeutung, Erik Bruhns Ratschläge. Daraus, und mit seinen bereits erprobten Kreationen für den *Schwanensee* des Royal Ballets (u.a. das Siegfried-Solo am Ende des ersten Aktes), schuf Nurejew seinen Wiener *Schwanensee* samt einem tragischen Ende. Ein neues Ganzes entstand, das den Tänzer-Star als romantischen Helden der Gegenwart in den Mittelpunkt stellt. Horst Koegler in der Zeitschrift „Theater heute" über die *Schwanensee*-Premiere: „Es wurde ein Abend, an dem ein besessener Theatermann in seinem künstlerischen Höhenflug alles überragt, was in den letzten Monaten in Europa an Balletten produziert worden ist. (...) Nurejew, 26 Jahre alt, ein reines Produkt der kommunistischen Erziehungspraxis, schüttelt als Dreiundzwanzigjähriger alles ab, was ihm an Ideologie eingeimpft worden war, geht hin, nimmt das russischste aller russischen Ballette und produziert es an einem der geschichtsträchtigsten Plätze des alten Europa als Versuch einer Synthese von zaristischer Ballettkultur und den Fortschritten westlicher Choreographie, und das Ergebnis ist die ganz neue Sicht auf einen inzwischen schon etwas verschlissenen Repertoireklassiker. (...) Nurejew unterwirft die Handlung einer Metamorphose ins Lyrische und gewinnt dadurch ein völliges Aufgehen des Geschehens in Tanz. (...) Was an Handlung übrig geblieben ist, könnte sich wohl auch in seiner [Siegfrieds, Anm. der Autorin] Phantasie abspielen. Nurejew sieht ihn als einen russischen Bruder Hamlets, einen Hamlet aus puschkinschem Geist, für den die Frage nicht länger „Sein oder Nichtsein" heißt, der so sehr an sich und der Welt leidet, daß es ihn nur mehr nach dem Nichtsein verlangt."[32] Aurel von Milloss musste sich bestätigt sehen. In einem Brief an Staatsoperndirektor Hilbert vom 30. Oktober 1964, also nach der erfolgreichen Premiere, schreibt er, dass er auf eine „freie Neugestaltung" der berühmten Fassung von Petipa/Iwanow gehofft habe. „Ich wusste, dass dieser heute zu den interessantesten und berühmtesten Tänzern der Welt gehörende Künstler zwar noch nie auch als Schöpfer, d.h. noch nie mit von A bis Z unedierten, völlig eigens erfundenen choreographischen Werken an die Öffentlichkeit trat (...), aber in meiner Bewunderung seines Talents fühlte ich, dass er fähig sein könnte, die traditionelle (...) Choreographie des Balletts *Der Schwanensee* nicht nur in einfacher textgerechter Form, sondern mit Einsatz diesmal schon gesteigert kreativer Neugestaltungsgabe zu erneuern und durch eine derartige Neuinszenierung des Werkes die Aufmerksamkeit der internationalen Ballettwelt nach Wien zu konzentrieren. (...) Ich dachte, dass wir mit dem zu erwartenden Erfolg für uns nicht nur eine wertvolle Aufführung, sondern auch das Privilegium sichern würden, behaupten zu dürfen, seine Karriere als wirklicher Choreograph habe bei uns ihren eigentlichen Anfang gehabt und wir später uns dann vornehmen könnten, ihm dann auch die Realisation eines völlig neuen, originellen, unedierten Ballettwerkes anzuvertrauen."[33]

NUREJEWS KRITIK Die Umstände müssen Wien einfach hold gewesen sein, denn Rudolf Nurejew hatte die Wiener wohl vor Arbeitsbeginn nicht begutachtet, er selbst aber war „free lance", er musste kämpfen. Er wurde nicht wie ein Kuchen herumgereicht und musste trotz seines Startums Chancen wahrnehmen, sich nicht zuletzt ein soziales Netz aufbauen. Seine oft zitierte Aussage „I stage ballets to promote myself as a dancer" verweist nicht nur auf sein vorrangiges Selbstverständnis als Tänzer sondern auch auf sein Geschick, sich weltweit Kunst-Arbeit zu sichern.

Schwanensee, 4. Akt

Solo, *Schwanensee*, 3. Akt

Wien war eine solche weitere Chance. Den Erfolg der *Schwanensee*-Inszenierung bestätigten gute bis hymnische Kritiken. Immerhin war es Rudolf Nurejews erste Einstudierung außerhalb des Royal Ballets. Die berühmten Bildreportagen des britischen Photographen Lord Snowdon (unter anderem 12 Seiten in der November-Ausgabe des „Life"-Magazins, das mit einem Bild des Vietnam-Konflikts auf der Titelseite aufmachte) trugen zur Verbreitung nach Übersee bei. Am Kontinent war die Wiener Photokunst des Studio Fayer, eines Franz Hubmann und Harry Weber wichtig. Das Ereignis hievte die Hauptstadt in die Internationalität des Ballett-geschehens. Die bekannte Verfilmung der Bühnenproduktion (1966) ist, abgesehen von privat gemachten Filmaufnahmen, ein Dokument der Wiener Premiere, der 1977 die erste Wiederaufnahme (mit zarten Änderungen) folgen sollte.[34] Dame Margot Fonteyn als Partnerin nach Wien zu bringen, war wohl auch ein Tribut des jungen Wahl-Engländers an sein Gastland, abgesehen davon war sie damals seine ständige Partnerin.

Rudolf Nurejews Anwesenheit in Wien hatte Auswirkungen. Abgesehen von seinem meist anhaltend jubelnden Wiener Publikum, das ihm auch die letzten Siegfried-Auftritte zu seinem 50. Geburtstag zum Fest machte, spornte der Ausnahme-Künstler Tänzer-Kollegen an, brachte junge Talente zum Vorschein – in den 60er Jahren vor allem Ully Wührer und Michael Birkmeyer – und übte anhaltend Kritik: an Tänzern und Tänzerinnen, an den Arbeitsumständen, an der Gewerkschaft. Das erste Mal – und der Tänzer sollte die folgenden Wiener Jahre nicht mehr aufhören zu mahnen – kritisierte Nurejew offiziell bei einer Pressekonferenz am Tag der *Schwanensee*-Premiere nicht nur die Einschränkungen durch die Gewerkschaft sondern auch die mangelnde Akzeptanz des Balletts durch die Operndirektion: „Das Wiener Ensemble hat viele Qualitäten, die es leider nur viel zu selten unter Beweis stellen darf."[35]

1 Franz Endler, „Der Direktor allein genügt nicht – Immer noch ist die Zukunft des Staatsopernballetts ungewiß", Die Presse, 18. Sept. 1963, S. 5.
2 Ebenda.
3 Am 16. Mai 1964 kam es dann auch zu einer denkwürdigen, internationalen Maßstäben gerecht werdenden Premiere, die von Ninette de Valois (Schachmatt), George Balanchine (Die vier Temperamente) und Léonide Massine (Der Dreispitz) gestaltet wurde.
4 „Oper 65/66: Solti, Krips, Wieland Wagner. Planung für heuer komplett/ 'Verbrannte Erde' macht Neuaufbau erst nächstes Jahr möglich", Neues Österreich, 5. Sept. 1964, S. 11.
5 Gespräch der Autorin mit Karl Musil am 22. Mai 2002.
6 Ninel Kurgapkina, zit. nach: Rudolf Nureyev. Three Years In The Kirov Theatre, St. Petersburg 1995, S. 38.
7 Gotthard Böhm, „Das Weltwunder ist intelligent", Die Presse, 4. Sept. 1964.
8 Gespräch der Autorin mit Alexander Ursuliak am 10. August 2002.
9 Gespräch der Autorin mit Michael Birkmeyer am 3. Mai 2002.

Margot Fonteyn und das Wiener Staatsopernballett in *Schwanensee*, 2. Akt

Schwanensee, 2. Akt

10 Linda Zamponi, „Skandalstar?", Illustrierte Beilage des Kurier, 17. Okt. 1964.
11 Ein Stück Ashton für das international gefeierte Traumpaar, das 1967 mit Fonteyn und Nurejew sowie Wiener Tänzern mehrmals auch an der Staatsoper zu erleben war, als Schlussstück eines Programms, das mit Balanchines Apollo und Nurejew in der Titelrolle begonnen hatte, einer der Rollen, die der Star in Wien gelernt hatte, und mit Harald Landers Etüden einen weiteren Höhepunkt erreicht hatte.
12 Alexander Bland, Nureyev, London 1962, S. 117–118.
13 Gespräch der Autorin mit Edeltraud Brexner und Richard Nowotny am 11. Juli 2002.
14 Ebenda. Film: Rudolf Nureyev Foundation, Los Angeles.
15 Nicholas Georgiadis, zit. nach: John Percival, Nureyev, London 1979 (revised edition), S. 162.
16 Linda Zamponi, „Rudolf Nurejews Vermächtnis an die Wiener", in: Hommage in memoriam Rudolf Nurejew, Programmheft der Wiener Staatsoper (zusammengestellt von Alfred Oberzaucher), 16. Feb. 1993.
17 Gespräch der Autorin mit Paul Vondrak und Gisela Cech am 31. Juli 2002. Bei den Bregenzer Festspielen 1960 tanzte das Wiener Staatsopernballett den gesamten Schwanensee in der Inszenierung von Dimitrije Parlić auf der Seebühne.
18 Arbeiterzeitung, 14. Juli 1964, S. 8.
19 Die Presse, 14. Juli 1964, S. 6.
20 Akt d. Bundesministeriums f. Unterricht, AdR/ÖBThV, GZ 6796/1964, Österreichisches Staatsarchiv.
21 Das Moskauer Ensemble war zu den Wiener Festwochen 1965 für drei Abende ins Theater an der Wien eingeladen worden. Die Staatsoper, die anfänglich keinen Abend in ihrem Haus frei machen wollte, gewährte dann doch einen Termin für die Gastspiel-Aufführung von Giselle am 2. Juni 1965.
22 Akt d. Bundesministeriums f. Unterricht, AdR/ÖBThV, GZ 8668/1964, Österreichisches Staatsarchiv.
23 Hélène Ciolkovitch, Nureyev's two versions of Swan Lake. Vortrag gehalten im Jänner 1998 für den Cercle des Amis de Noureev und L'Association pour le Rayonnement de l'Opéra de Paris.
24 Akt d. Bundesministeriums f. Unterricht, AdR/ÖBThV, GZ 6885/1964, Österreichisches Staatsarchiv.
25 Schreiben d. Wiener Staatsoper (Direktion) an den Bundesminister f. Unterricht, 1. Sept. 1964, AdR/ÖBThV, GZ 7144/1964, Österreichisches Staatsarchiv.
26 Linda Zamponi, „Kosmopolit und Tatar, Kurier-Gespräch mit Rudolf Nurejew", Kurier, 5. Sept. 1964, S. 7.
27 Hans Lossmann, „Wiener Ballett", Die Bühne, Mai 1966, Heft 92, S. 1. Lossmann sieht Nurejew bereits als ständig am Haus tätigen Künstler an.
28 „Ins Leere gesprochen" – Diskussion über Wiens Ballettzukunft fand ohne offizielle Beteiligung statt. Es gibt mehr Gerüchte als konstruktive Ideen, Wochenpresse Nr. 49, 4. Dez. 1968.
  Gerhard Brunner, „Wiener Ballett-Dramaturgie", Ballett 1968, Chronik und Bilanz des Ballettjahres, hg. v. Horst Koegler unter Mitarbeit v. Hartmut Regitz u. Jens Wendland, Velber bei Hannover 1968, S. 53–59.
29 Hartmut Regitz, III. Die Ballettnachbarn, Ballett 1970, Chronik und Bilanz des Ballettjahres, hg. v. Horst Koegler unter Mitarbeit v. Hartmut Regitz u. Jens Wendland, Velber bei Hannover 1970, S. 50.
30 Gerhard Brunner, „Nurejews Wiener Schwanensee", Ballett 1965, hg. v. Horst Koegler u. Clive Barnes, Velber bei Hannover 1965, S. 35 f.
  Vgl. auch im vorliegenden Buch: Alfred Oberzaucher, „I am afraid I will ruin your Swan Lake", Am Beispiel Schwanensee: Nurejews Klassikersicht.
31 Horst Koegler, The ballet called Siegfried. Nureyev's new Swan Lake at the Vienna State Opera, Dance and dancers, London, Dez. 1964, S. 25.
32 Horst Koegler, „Zwei Temperamente. Ballett-Kontraste: Nurejew und Béjart", Theater heute, Dez. 1964, 5. Jg. Nr.12, S 23 f.
33 Brief von Aurel von Milloss an Egon Hilbert vom 30. Oktober 1964, Wiener Staatsoper/Direktion.
34 1966 wurde der Farbfilm Der Schwanensee gedreht. Mit Nurejew und Fonteyn sowie dem Wiener Staatsopernballett und den Wiener Symphonikern unter John Lanchbery. Choreographie: Rudolf Nurejew. Regie: Truck Branss. Unitel-Produktion.
35 „Nurejew warnte", Die Presse, 16.10.1964.

„I am afraid I will ruin your Swan Lake"
Am Beispiel *Schwanensee*: Nurejews Klassikersicht

ALFRED OBERZAUCHER

Variation Andante sostenuto in *Schwanensee*, 1.Akt, Film 1966

LONDON 1962: Als Rudolf Nurejew mit Margot Fonteyn für den ersten gemeinsamen Auftritt in *Giselle* im Royal Opera House Covent Garden probt, tritt die große englische Ballerina mit David Blair in *Schwanensee* auf. Sichtlich beeindruckt kommt Nurejew nach der Aufführung in Dame Margots Garderobe und gratuliert zu der „sehr schönen Vorstellung". Doch rasch fügt er hinzu, dass er, ungeachtet dessen, wie eindrucksvoll sie die mimische Szene (im zweiten Akt, nach der Überlieferung aus St. Petersburg) gestaltete, nicht daran denke, diese bei den für den bevorstehenden Sommer geplanten gemeinsamen Vorstellungen beizubehalten. Er käme sich überflüssig vor, wenn er als Prinz bloß herumstehe, während Odette gestenreich ihr Schicksal erzähle. Knapp stellt er fest: „I am afraid I will ruin your *Swan Lake*." Fonteyn blickt ihrem zukünftigen Partner fest in die Augen und meint freundlich, aber bestimmt: "Just you try."[1]

Diese Episode gibt nicht nur Meinungsverschiedenheiten in Rollenauffassungen wieder, sondern schildert – weit mehr noch – das Aufeinandertreffen von Repräsentanten zweier Welten des klassischen Tanzes: Auf der einen Seite die auf dem Höhepunkt ihrer Karriere stehende gezügelte britische Ballerina, die in ihren Klassikerinterpretationen durch den nach der russischen Oktoberrevolution in den Westen verpflanzten St. Petersburger Ballettstil geprägt ist, auf der anderen Seite der beinahe zwanzig Jahre jüngere tatarische Wundertänzer, dessen Erfahrungen zu diesem Zeitpunkt noch ganz durch die postrevolutionären stilistischen Veränderungen des sowjetischen Balletts bestimmt waren. In der traditionsverbundenen Inszenierung des Royal Ballet konnte Fonteyn zunächst noch ihre Sicht der Rolle durchsetzen, doch in seiner Wiener *Schwanensee*-Fassung aus dem Jahr 1964 behielt Nurejew Oberhand: Nicht nur besagte mimische Szene wurde eliminiert, sondern die Gewichtung des ganzen Balletts war völlig dem Geschmack des Choreographen und Inszenators Nurejew unterworfen. Dieser Geschmack jedoch hatte sich schon nach drei Jahren im Westen gründlich verändert. Was er nun vertrat, war eine ganz eigene Auffassung, die von seinen neuen Erfahrungen ebenso profitierte wie vom „Erbgut" seiner Leningrader Jahre.

Doch zurück an die Quellen von Nurejews *Schwanensee*-Erfahrungen. Als Kind vermittelte ihm im baschkirischen Ufa eine Vorstellung dieses Tschaikowski-Balletts jenes „magische Erlebnis", das seinen unbändigen Wunsch, Tänzer zu werden, hervorrief. Davon ausgehend, dass die erste Begegnung mit einem Werk prägend ist, war dieser *Schwanensee* im Ufa der vierziger Jahre bestimmt ein qualitativ hoch stehender „Einstieg" für Nurejew. Die Gestalter der Aufführung (Jelena Woitowitsch und Haljaf Safiullin) stammten aus der Leningrader Schule und waren somit mit Agrippina Waganowas dortiger Einstudierung des Werks aus dem Jahr 1933 vertraut. Als Nurejew 1955 nach Leningrad kam, gab man dort bereits eine fünf Jahre davor von Konstantin Sergejew erstellte Fassung, die bald zur Basis seiner tänzerischen Auftritte werden sollte. Im April 1961 war es soweit: Nurejew tanzte als Mitglied des Kirow-Balletts an der Seite von Ninel Kurgapkinas Odette/Odile seinen ersten Siegfried (im Pas de trois des ersten Akts war er erstmals 1958 aufgetreten).

Nurejews – im Vergleich zu Fonteyn – relativ kurze professionelle Erfahrung mit *Schwanensee* schien den Verantwortlichen des Royal Ballet aber ausreichend zu sein, ihn für die im Dezember 1963 herausgekommene Überarbeitung des Balletts durch Robert Helpmann und

Frederick Ashton als Choreographen für die Polonaise und die Mazurka heranzuziehen – Nurejews Choreographie für das Solo des Prinzen im ersten Akt (Variation Andante sostenuto), an der er bereits in Leningrad zu arbeiten begonnen hatte, wurde im Juni 1962 in die alte Version eingelegt. Nach diesem ersten Herantasten an das Werk bot die Wiener Staatsoper dem berühmten Tänzer die Chance, das Ballett ganz nach seinen Vorstellungen auf die Bühne zu bringen.

In der noch kurzen Karriere im Westen hatte Nurejew mittlerweile – neben den Fassungen des Royal Ballet – auch den durch sein tragisches Ende Aufsehen erregenden Stuttgarter *Schwanensee* von John Cranko kennen gelernt und sich von Erik Bruhns Rollenauffassung im Münchner *Schwanensee* inspirieren lassen. Nurejew ging an seine Wiener Aufgabe mit der Absicht heran, einen *Schwanensee* weitab von der Kirow-Version, aber noch weiter entfernt von der englischen, dem St. Petersburger Original aus dem Jahr 1895 verpflichteten Fassung, zu kreieren. Seine Änderungen sollten sich als radikal erweisen und es ist das historische Verdienst des damaligen Wiener Ballettchefs Aurel von Milloss, dem als Choreographen noch weitgehend unerfahrenen Nurejew freie Hand gelassen zu haben. Dass sich für das Einbringen eines neuen Konzepts Wien als der geeignete Ort erweisen sollte, mochte Milloss geahnt haben, hatte der abendfüllende *Schwanensee* doch hier – ganz im Gegensatz zu London – keine Tradition. Während man in Wien also die erstmalige Einstudierung des Klassikers begrüßte, hätte sich London mit den tiefgreifenden Änderungen des gefeierten Tänzers kaum abgefunden.

Worin lagen nun die Unterschiede zu den überlieferten Fassungen? Waren alle bisherigen Aufführungen des Werks auf die zentrale Stellung der Ballerina ausgerichtet, so hielt es der charismatische Tänzer Nurejew bei der Konzeption seines Wiener *Schwanensee* nur für selbstverständlich, die männliche Hauptrolle aufzuwerten. Margot Fonteyn, die erste Odette/Odile in Nurejews Fassung, erinnerte sich: „Die klassischen Ballette galten als Stücke für Ballerinen – unter Mitwirkung eines Prinzen in untergeordneter Rolle. Das passte Rudolf nicht. Er war der Meinung, der Prinz sei genauso wichtig wie die Ballerina. Und dafür hat er dann auch gesorgt."

Auf *Schwanensee* bezogen, präzisierte Nurejew: „Ich glaube, die Hauptperson ist der Prinz, nicht der Schwan, er ist nur sein Spiegelbild. *Schwanensee* ist eine Geschichte der Romantik. Es ist der Traum von der idealen Frau, die Flucht aus der Realität, der Versuch, das Ideal mit der Realität zu verquicken, der schließlich zur Katastrophe führt." Um seine Intentionen zu verwirklichen, fügte Nurejew das bereits erwähnte Solo für den Prinzen im ersten Akt ein, verzichtete auf den Pas de trois im ersten Akt und den Pas d'action für Odile, Siegfried und Rotbart im dritten Akt und ersetzte diese Nummern durch einen Pas de cinq, an dem der Prinz selbst teil hat, sowie einen Pas de deux für die Protagonisten. Musikalisch zog Nurejew hierbei Passagen aus sonst gestrichenen Teilen der Originalpartitur und Nummern aus dem Partitur-Anhang heran. Weiters verzichtete er auf die im Westen damals noch übliche Rolle des Benno, sowie auf die in sowjetische Produktionen eingefügte Rolle des Narren. Choreographisch überarbeitete er die Ensembletänze des ersten und dritten Akts. Neu war auch die von Siegfried getanzte Coda des Pas d'action im zweiten Akt, die im Übrigen als einziger Teil des Balletts weitgehend der Fassung des Kirow-Balletts verpflichtet ist. Völlig neu war die Choreographie des vierten Akts, wobei sich hier Nurejews Gesamtkonzeption in Richtung eines tragischen Endes des Balletts voll entfaltete. Ähnlich wie in Wladimir Burmeisters Moskauer

Schwanensee, 4. Akt, Film

Schwanensee, 4. Akt, Film

Fassung aus dem Jahr 1953 lässt Rotbart den See über die Ufer treten und entreißt Odette dem ertrinkenden Siegfried.

Auch rund vierzig Jahre nach seiner ersten Aufführung ist Nurejews *Schwanensee* erwiesenermaßen eine Vorstellung, die ihrerseits jenes „magische Erlebnis" beim Zuschauer auslösen kann, von dem eingangs die Rede war. Als Fußnote sei noch hinzugefügt, dass Nurejew 1977 in seinem *Schwanensee* die ihm durch Margot Fonteyn erstmals vor Augen geführte mimische Erzählung der Odette aufgegriffen hat. Damit verneigte er sich nicht nur vor der großen Ballerina, sondern auch vor der russisch-englischen Tradition dieses Balletts. Dem englischen Kritiker John Percival gegenüber bekannte er: „I had the baggage of knowledge, but how to operate with it I learned in England. When I came to the West, I found it necessary to hold on to everything that was good in what I had been taught, but to find ways of using it in different circumstances and assimilating new influences. I think I was capable of accepting things – not just taking Western style, but asking all the time *Why?*"[2]

Nurejew als Basil mit Ully Wührer (Kitri) und Fred Meister (Wirt Lorenzo), Wien 1966

MODELLINSZENIERUNG DON QUIXOTE Auch mit der zweiten für das Staatsopernballett erarbeiteten Klassikereinstudierung ist Nurejew ein großer Wurf gelungen. Während sein Wiener *Schwanensee* zum Ausgangspunkt für seine Versionen für die Pariser Oper und die Mailänder Scala wurde, erreichte sein *Don Quixote* aus dem Jahr 1966 noch viel weitere Verbreitung. Diese Inszenierung wurde in geringfügig überarbeiteter Form weltweit von mehr als einem Dutzend Ensembles übernommen, eine Zahl, die keine andere Fassung erzielte. Grund dafür ist, dass es Nurejew gelang, die ursprüngliche Ausgewogenheit der Rollenfächer dieses Petipa-Balletts wiederherzustellen. Nachdem es in der Sowjetunion bereits Ansätze gegeben hatte, diese Balance zugunsten einer Forcierung des virtuosen Tanzes aufzugeben, erkannte Nurejew, dass diese Ballettkomödie ihre optimale Wirkung nur durch die Wiederherstellung der Gleichwertigkeit von klassischem Tanz, Charaktertanz und den stücktragenden mimischen Passagen erzielen kann. Dem Inszenator kam dabei zugute, dass das Wiener Ensemble über eine für ein westliches Ensemble ungewöhnlich große Anzahl ausgezeichneter Charakterdarsteller und Charaktertänzer verfügte. Wien wurde somit für Nurejew ein weiteres Mal zum denkbar geeignetsten Ort für die Realisierung einer Inszenierung. In diesem Fall sogar mit einem beachtlichen zusätzlichen Nebeneffekt, denn ein bis dahin im Westen kaum bekanntes Werk nahm fortan von Wien aus – die Einstudierungen schuf meist Richard Nowotny – als unverzichtbare Bereicherung des klassischen Repertoires seinen Weg in die Spielpläne der Welt.

1 Margot Fonteyn, *Autobiography*, W.H. Allen, London 1975, S. 219.
2 John Percival, *Nureyev. Aspects of the Dancer*, G.P. Putnam's Sons, New York, S. 72.

Linke Seite: Nurejew und Richard Nowotny bei den *Don Quixote*-Proben 1977
Rechts: Als Basil

DER CHARISMATIKER:
Interviews, Aussagen, Behauptungen

KARLHEINZ ROSCHITZ

Juni 1974. Wiens Tanzfans atmeten auf. Rudolf Nurejew hätte die *Schwanensee*-Produktion der Wiener Staatsoper ursprünglich selbst auffrischen sollen, hat die Arbeit aber dann doch Assistenten überlassen. Immerhin kam er aber, um an zwei Abenden den Prinzen Siegfried zu tanzen. Ballettchef Aurel von Milloss, mit dem Tanzstar seit vielen Jahren nicht auf gutem Fuß, hatte dieses Wiederengagement Nurejews seit langem behindert, ja mehr zu verhindern versucht, denn gefördert. Doch im März musste Milloss gehen. Was die Hoffnung aller, Nurejew in Hinkunft oft zu sehen, wieder wachsen ließ.

Nurejew kam und brachte seine junge Kollegin Karen Kain mit, die er sich für Margot Fonteyn eingetauscht hatte. Er wollte sofort mit der Probenarbeit beginnen. Doch wie so oft, wenn der Star vor der Türe stand, kam im Haus am Ring manches ins Schleudern. „Ich kam an, wollte eine Probe abhalten", schnaubte Nurejew, „aber es war kein Pianist da." Seine Forderung, schleunigst einen Korrepetitor zu holen, wurde abgelehnt. Ein dienstfreier Tag. Der Gewerkschaftsboss war nicht im Haus, der Amtsschimmel wieherte. Beamtendenken siegte. Dann krachte es. Rudolf der Große, der in solchen Fällen sich kaum zurückhielt, soll daraufhin, wie zuerst hinter vorgehaltener Hand erzählt wurde, im Wutanfall eine Türe eingetreten haben. Was, wenn sein tatarisches Blut richtig in Wallung kam, bei ihm gelegentlich zur weniger guten Sitte gehörte.

Als Pierrot in Tetleys *Pierrot lunaire* mit Jun Ishii

„Ich war fünf Jahre nicht hier", tobte er danach im Interview, das ich mit ihm führte, „doch es hat sich an der Situation hier nichts geändert." Und wie immer, wenn er in Rage geriet, hielt er auch mit seiner Kritik nicht hinter dem Berg: dass selbst die jungen Tänzer fett seien, dass hier tanzende Beamte überwiegen, dass das Training zum Teil miserabel sei ... Was Wunder, wenn er in manchen Proben mitten im Vorzeigen von Schritten oder des Vorsingens einer Melodie plötzlich abbrach und losbrüllte.

Nach luftreinigenden Auseinandersetzungen gab er sich meist geschlagen. Auch diesmal. Er wollte tanzen, in seinen Wiener Choreographien tanzen. Und er verhandelte auch über Termine der folgenden Saisonen. Und da sollten in den nächsten Jahren, nach dem Abgang von Aurel von Milloss, tatsächlich legendäre Gastspiele folgen: mit *Apollo*, den *Liedern eines fahrenden Gesellen* mit Paolo Bortoluzzi, mit dem Pas de deux aus *Le Corsaire*, mit Glen Tetleys *Pierrot lunaire*, mit *Giselle*, den Auffrischungsarbeiten seines *Don Quixote* und seines *Schwanensee*, in denen er selbst seine Paraderollen, den Basil und den Siegfried, tanzte. Und und und.

MIT DER GNADENZUWENDUNG DER GÖTTER Die Reaktionen des jungen Tänzers waren oft spontan, heftig, gereizt. Adabeis und Klatschkolumnisten warteten darauf, dass der Junge, der vom Kirow ausgerissen war, spontan mit Tellern herumwarf, Polizisten anfiel, Intendanten zur Verzweiflung brachte. „Ein schwieriger Künstler voll Allüren", sagten die meisten. Andere, wie etwa der langjährige Wiener Ballettchef und Nurejew-Freund Dr. Gerhard Brunner wussten hingegen, dass er auch ein erstaunlich sanfter, höflicher, fast bescheidener Mensch sein konnte, und wie hilfsbereit er war, wenn es drum ging, seine Partner zu künstlerischen Spitzenleistungen zu motivieren.

Er ist ein Charismatiker, bestätigten aber alle, die mit ihm zu tun hatten. Wobei man den Begriff Charisma sowohl in seiner antiken Bedeutung (griechisch: Gnadengabe, eine Gnadenzuwendung der Götter), als auch im modernen Sinn verstehen muss, wie ihn Max Weber geprägt hat: als Eigenschaft und Begabung, um derentwillen eine Persönlichkeit mit übernatürlichen oder übermenschlichen Kräften oder Qualitäten ausgestattet gilt.

Mit Cynthia Gregory in der Wiederaufnahme seines *Schwanensee*, Wien 1977

NUREJEW, DER BEGNADETE, FASZINIERTE JEDEN. [AUCH] DEN STARPHOTOGRAPHEN LORD SNOWDON, DER VON IHM EINIGE DER EXZENTRISCHSTEN BILDER SCHOSS ...
KARLHEINZ ROSCHITZ

Nurejew in seiner Pariser Wohnung, photographiert von Lord Snowdon

Karikatur von Winnie Jakob

Nurejew, der Begnadete, faszinierte jeden: das Publikum der großen Opernhäuser wie die Mädchen und Burschen, die auf ihn beim Bühnentürl warteten, seine Lieblingspartnerin Margot Fonteyn, die seinen Weg in die Karriere mitbestimmt hatte, wie Fürstin Lee Radziwill, die ihm wie ein Schatten durchs Leben folgte, Japans Kronprinz Norihito Hisaka mit seiner Frau, die mit ihm Frankfurter aßen, wie den Starfotografen Lord Snowdon, der von ihm einige der exzentrischsten Bilder schoss, etwa das berühmte Bild Nurejews in seiner Pariser Wohnung: ein aufs Kanapee hingegossener Star in chinesischen Kaisergewändern, neben einem Globus, vor einem Riesengemälde des nackten Paris, der von Pallas Athene beschützt wird …

„Der größte Tänzer, die neue Dimension des Tanzes", nannte ihn einmal die Washington Post, und „die geheimnisvollste und bezauberndste Figur unserer Zeit", schwärmte Regisseur Ken Russell. „Er ist wie ein Tornado in unser Leben eingebrochen", notierte Margot Fonteyn, die in ihrer langen engen künstlerischen Beziehung nur eines nie ganz verkraften konnte, ja mit Wehmut erfüllte: „Zwischen uns entstand eine seltsame Bindung, die wir niemals ganz definieren konnten. Sie ließe sich vielleicht als tiefe Zuneigung beschreiben oder als Liebe, zumal dann, wenn man daran glaubt, dass Liebe viele Formen und Schattierungen haben kann. Fest steht indessen, dass Rudolf damals verzweifelt in jemanden verliebt war".

UNBÄNDIGER FREIHEITSDURST Ein unbändiger Freiheitsdurst trieb ihn. Er wollte in keine Schablone passen, sich keinen Regeln unterwerfen, immer im Mittelpunkt sein; vor allem aber sah er sich selbst stets als Maßstab in der Beurteilung der anderen. Er setzte selbst seine Maßstäbe. Zuerst einmal in der Arbeit: Er arbeitete wie eine Dampfmaschine, berichtet die Fonteyn. „Zugleich dachte ich oft, er werde niemals das Solo zu Ende tanzen können, wenn er sich bei jeder Bewegung so verausgabt. Aber ich hatte nicht mit Rudolfs Kraft gerechnet …"

Nurejew arbeitete stets wie besessen. Und: Er brachte alle zur Verzweiflung, nicht absichtlich, aber in seinem Tanz trat sein ganzer Charakter zutage, alles, einschließlich seiner Vorliebe, den Clown zu spielen. In Wahrheit war er aber oft verzweifelt ernst; nervös, abgespannt wiederholte er jeden einzelnen Schritt mit vollem Einsatz, bis er vor Anstrengung fast zusammenbrach.

Seine Launen und Extravaganzen, seine Skandale, sein Schmuck, seine Art sich zu kleiden und sich photographieren zu lassen (ob in Schlangenhaut oder in Zobel), gelegentlich aber auch seine aggressive Vulgarität in zwielichtigen Lokalen mochten schockieren. Seine Eleganz, sein Charme und seine exzessive Arbeitswut machten ihn aber zum bewunderten Star, der nur zu gern die Bewunderung der anderen umso mehr genoss, als er sich oft sehr einsam fühlen konnte. Oder wie Margot Fonteyn dies sah: „Ich sah ihn nach langen Abenden nie nach Hause gehen. Immer verabschiedete er sich und ging hinaus in die Nacht, eine einsame Gestalt, die immer kleiner wurde, während sie sich durch eine menschenleere Straße entfernte …" Ein Einsamer auf der Suche.

Mit 23, nach seinem Pariser Debüt mit dem Kirow Ballett in *La Bayadère*, hatte er sich auf dem Flughafen Le Bourget, knapp vor Abflug der Maschine nach Moskau, der französischen Polizei buchstäblich in die Arme geworfen, um sich abzusetzen. Moskau wollte den politisch aufmüpfigen Burschen kurzerhand in die Heimat zurückschaffen. Er entkam. Und seither versucht die westliche Welt, dem Geheimnis dieses ungestümen, freiheitsdurstigen Genies, dieser Tatarenseele auf den Grund zu gehen. In zahllosen Interviews und Gesprächen kamen dabei viele Autoren zu dem Ergebnis, seine Faszination liege vor allem in seiner Undurchschaubarkeit, in seiner Kunst, zu überraschen. So wie er am 17. März 1938 in einem Waggon der Transsibirischen Eisenbahn, als sie gerade den Baikalsee entlang fuhr, zur Welt gekommen war, so sollte er auch sein Leben lang überraschen.

Die in Wien geborene Nijinski-Tochter Kyra mit Nurejew nach einer Vorstellung in der Staatsoper 1981

UNDURCHSCHAUBARER TATAR   Er liebte das Herausragende, Ungewöhnliche. Auch seine beachtliche Kunstsammlung, die 1993 bei Christie's versteigert wurde, zeugte von seiner exzentrischen Freude an Rarem, Kuriosem, Prunkvollem, Erotisch-Laszivem. Und das Herausragende, Ungewöhnliche bestimmte sein Leben und Arbeiten. Und die eigenen außerordentlichen Qualitäten projizierte er auch auf seine Partner und auf alle, die mit ihm zusammenarbeiten mussten. Als Künstler suchte er Perfektion, Vollendung, Harmonie. Perfektion erwartete er auch von den anderen. Und wie konnte er kämpferisch werden, wenn in einer Probe manches nicht geklappt hatte. Margot Fonteyn, die für seinen glanzvollen Tanzstart im Westen Entscheidendes geleistet hatte, erzählte davon: „Wenn wir uns nach vier Stunden Probe zum Lunch setzten, hatte Nurejew mehr Energie verbraucht als die meisten Männer in vier Wochen. Er war bleich, erschöpft und zänkisch. Und zänkisch rief er: ‚Ich hasse schwache Menschen. Alle sollte man töten!' Der Tatar sprach aus ihm. Wenn er ein riesiges Steak gegessen und dazu mehrere Tassen Tee getrunken hatte, kehrten seine Lebensgeister zurück, und er sagte: „Sache ist die, ich habe nicht Mut, so böse zu sein, wie ich möchte."

Seit Aurel von Milloss-Nachfolger Dr. Gerhard Brunner Ballettchef der Staatsoper geworden war, kam Nurejew immer wieder gern nach Wien. Und unter Brunner, der ihn enger an Wien zu binden imstande war, erlebte Nurejew, dass endlich neue Probenbedingungen geschaffen wurden. Und dass er etwa in der Uraufführung des Rudi van Dantzig-Balletts *Ulysses* zur elektronischen Musik Roman Haubenstock-Ramatis im Jahre 1979 sogar hervorragende Arbeitsbedingungen vorfand. „Diese Tänzer sind sehr enthusiastisch", lobte er damals sogar die Neuen. Sie waren mit ein Grund, dass sein Verhältnis zu Wien zu einem Liebesverhältnis wurde, das auch noch andauerte, als er bereits schwerkrank war und statt zu tanzen nur noch ein Kammerorchester im Palais Auersperg dirigieren konnte.

SCHARFE KRITIK AN WIENER VERHÄLTNISSEN   Dennoch gab es auch in diesen Phasen immer wieder Krach. Etwa als Staatsoperndirektor Lorin Maazel im Oktober 1980 im Geheimen mit Nurejew sprach, um ihn für Wien als Ballettchef zu gewinnen. Wiens Kulturbosse wollten damals von nichts gewusst haben, als eine Meldung aus dem

Ärger bei Wiener *Dornröschen*-Proben
1980

Er hatte eine ungeheure erotische Ausstrahlung. Er war männlich und weiblich, hatte und zeigte beide Seiten und sowohl Männer als auch Frauen verliebten sich in ihn. Alle haben sein Charisma gespürt und er spielte damit.
Alexander Ursuliak

Mit Fürstin Lee Radziwill

Nurejew und Fonteyn proben den Pas de deux für *Schwanensee*, 3. Akt

Büro Lorin Maazels wie eine Bombe platzte: Natürlich hat es Gespräche mit Nurejew gegeben, und es wird auch wahrscheinlich in Kürze wieder Gespräche geben!

Nurejew hatte im Oktober 1980 dem österreichischen Fernsehen und der Kronen-Zeitung ein Interview gegeben, in dem er – noch war er nicht österreichischer Staatsbürger – mit größeren Aufgaben in Wien liebäugelte … Sich absichernd, meinte er jedoch vorsorglich: „Wenn ich überhaupt je daran denken sollte, irgendwo Ballettdirektor zu werden!" Gleichzeitig übte er aber wieder einmal, wie so oft aus Lust an der Provokation, heftige Kritik an den faulen und dicken Leuten des Staatsopernballetts und der vielen Protektion.

Im Fernseh-Interview ging er in seiner Kritik noch weiter. „Die Wiener Tänzer haben zwei Probleme: Eines ist, dass die Oper hier eine dominierende Rolle spielt. Das Ballett ist untergeordnet. Das andere ist die Gewerkschaft, die der Truppe das Arbeiten mitunter absolut verbietet und die Leute vor der Arbeit schützt! Am Sonntag darf nicht gearbeitet werden. Manchmal werden sogar Probenräume abgesperrt, die Tänzer dürfen nicht in die Oper. Daher tendieren sie dazu, selbstzufrieden zu werden. Und da gibt es eine merkwürdige Regel der Gewerkschaft: dass Mütter um 13 Uhr zu Hause sein müssen, um ihre Kinder zu füttern. Verheiratet sein und Kinder haben schön und gut. Aber wenn ich als Zuschauer für mein Geld ins Theater gehe, möchte ich nicht im Zuschauerraum sitzen und ständig denken: Also der ist verheiratet und hat einen Haufen Kinder!"

Der nächste Skandal war programmiert. Sogar Nurejews Premiere von Tschaikowskis *Dornröschen* wackelte. Nurejew drohte abzureisen. Bis doch alles wieder ins Lot gebracht wurde.

So war es: Nurejew, seit den Anfängen seiner Karriere ein Perfektionist, wollte stets seine Vorstellungen von Kunst radikal verwirklichen. Aber untragbare Vorschriften eines damals bizarr wuchernden Arbeitszeitgesetzes, das fatale Kosten verursachte, und auch haarsträubende Gewerkschaftsvorschriften, man sollte besser von Schikanen reden, waren mit Nurejews Vorstellungen von konsequenter künstlerischer Arbeit nicht unter einen Hut zu bringen. Das scheint im Rückblick selbstverständlich.

Nurejew hatte diese Kritik in Interviews immer wieder, wie es seine Art war, mehr oder minder pointiert, oft sogar rotzig, provokant und bösartig angebracht. Aber er kannte keine faulen Kompromisse der Sorte: „Aber am Abend, Herr Direktor, da schaff ma's schon!" Er warf das den Staatstheatern, nicht nur in Wien, vor, dass viel zu wenig an die künstlerische Arbeit, an das Kunstwerk und seine Forderungen, an den ausübenden Künstler gedacht werde. Sozialisierung des Tanzes degradierte in seinen Augen die Kunst zur üblen Routine. Das war seine Meinung.

Mit Snowdon in der Kantine der Wiener Staatsoper 1964

„BESSER STEIN HABEN ANSTATT HERZ!"   Oft sagte er, der von unglaublichem Ehrgeiz beseelt und getrieben war: „Ich muss tanzen. Wenn ich ein paar Tage aufhöre, ist das schrecklich ... Und ich fürchte mich nicht vor Vergleichen." Wenn er andrerseits eine persönliche Niederlage hinnehmen musste, wurde er böse und fauchte tief getroffen: „Besser Stein haben anstatt Herz!" Daran erinnert sich Margot Fonteyn anlässlich einer *Giselle*: „Ich versuchte ihn zu trösten: Bedenken Sie doch, wieviel Sie anderen Menschen geben. Sehen Sie, wie wundervoll es für mich ist, mit Ihnen zu tanzen. Sie haben einem Ballett, das ich Hunderte Male getanzt habe, neuen Glanz verliehen. Wenn Sie kein Herz hätten, wäre das unmöglich gewesen." Das wirkte dann.

Man muss das alles feststellen, um den Charismatiker Nurejew, den „athletischen Feuerbrand", wie ihn ein Kritiker der Los Angeles Times nannte, zu verstehen, den Besessenen, der von jedem Tänzer absolute Hingabe an seine Arbeit verlangte, der Tanz als eine Sendung verstand.

„Ich bin immer ein Student, ich lerne immer", sagte er von sich. Und pilgerte bei jeder Gelegenheit zu seinen Lieblingslehrerinnen Valentina Pereyaslavec in New York und Marika Besobrasova in Monte Carlo, um seine Rollen zu studieren. Daher kam in Gesprächen und Interviews auch immer wieder die harsche Kritik an der Ballett-Situation, wie auch an der Bewertung der Position des Tänzers. Gewiss, dass einer Türen eintritt, weil sein Klavierbegleiter nicht kommt, zeugt von Exaltiertheit und vom Über-Reagieren. Aber wenn er damals von dicken Tänzern sprach, von zu wenig Training, elenden Probenbedingungen und Beamtennaturen, ging seine Kritik an der Situation nicht gerade vorbei. Auch wenn viele in ihm den unbequemen schwierigen Künstler mit den grässlichen Allüren sahen.

In der Kantine der Wiener Staatsoper 1964

KÜNSTLER, KOLLEGEN UND FREUNDE ÜBER NUREJEW

EINE EXOTISCHE, BUNTE BLUME

ALEXANDER URSULIAK ÜBER DEN BASCHKIR, DER BALLETT ZUM HAPPENING MACHTE

Ich habe Rudolf Nurejew ungefähr 1958 zum ersten Mal auf der Bühne gesehen. Ich bin damals relativ oft nach Leningrad und Moskau geflogen, die Flüge waren günstig, und ich habe viele von den Tänzern gesehen und kennengelernt: Wladimir Wassiljew und Irina Kolpakowa vom Bolschoi Ballett, Inna Zubkowskaja, Ninel Kurgapkina, Wladilen Semjonow und Juri Solowjow vom Kirow Ballett und vor allem Galina Ulanowa, mit der ich befreundet war. Ich habe Nurejew gesehen, ich glaube es war in *Laurencia* und *Gajaneh*. Das ist lange her.

Nurejews Herkunft ist interessant. Er kommt aus Mittelasien, er ist eigentlich kein Tatar sondern Baschkir. Das ist ein alttürkischer Stamm, der sich durch enorme Kraft auszeichnet. Nurejew war „unverdorben". Er ist in großer Armut in einem Ort des Nirgendwo aufgewachsen, hatte große Sehnsucht, in die Welt zu kommen. Er wollte der Beste werden, wurde zum „workaholic", und blieb immer unzufrieden. Und er wusste: „Meine Qualität garantiert mir Wohlstand. Wenn ich gut bin, kommen die Leute und zahlen dafür." Wie er arbeitete, dass kann und macht keiner. Er konnte auch nicht aufhören, denn um gut zu sein, musste er ständig über sich hinauswachsen.

Ich habe an der Wiener Staatsoper seine Proben geleitet (1966 bis 1967). Bei den Adagios zum Beispiel, wollte er erst nach dem dritten Mal korrigiert werden, da er der Auffassung war, dass ich erst dann sehen könne, was zufällig und was eine Angewohnheit war. Das macht normalerweise kein Tänzer. Sein Problem war, dass er zu viele Tricks hintereinander zeigen wollte, sodass der Zuschauer oft gar nicht mehr mitbekam, wie kompliziert seine Choreographien waren. Er hat in den Pausen während der Aufführungen immer weiter geprobt, seine Variationen aus dem kommenden Akt alle durchgetanzt, auch um warme Muskeln zu behalten. Seine Muskeln waren nicht sehr flexibel, er musste sie „einpeitschen". Das kann man nur mit einem Marathonläufer vergleichen, der auch lange braucht, um seine Muskulatur aufzuwärmen. Seine Musikalität war eine eigene, er dachte allerdings auch nicht in Takten sondern in Phrasen. Ein Grund, warum es vielen Tänzern schwer fällt, seine Choreographien zu tanzen.

Wenn man vergleichen muss: Solowjow war der begabtere, der technisch stärkere, der präzisere Tänzer. Er hatte eine enorme Sprungkraft, aber keinen interessanten Gesichtsausdruck. Wassiljew war als Tänzer genial. Die Basil-Variation aus dem dritten Akt in *Don Quixote*, so wie wir sie heute kennen, hat Wassiljew mit seinem Lehrer Alexej Jermolajew ausgearbeitet. Auch als Albrecht (in *Giselle*) war er hervorragend, obendrein ein großartiger Schauspieler. Als Nurejew in den Westen kam, war eigentlich nur Erik Bruhn der Tänzer, der das Publikum tatsächlich begeisterte. Wo du sagtest: „Wow!" Vom Londoner Festival Ballet vielleicht noch John Gilpin, der auch sehr gut aussah; er war der europäische Publikumsliebling. Ich denke da auch an Flemming Flindt, als Vertreter der Bournonville-Schule. Die Welt suchte damals nach Idolen und Nurejew war wie ein neuer James Dean. Wie eine exotische, bunte Blume, die niemand kannte. Er hatte eine ungeheure erotische Ausstrahlung. Er war männlich und weiblich, hatte und zeigte beide Seiten und sowohl Männer als auch Frauen verliebten sich in ihn. Alle haben sein Charisma gespürt und er spielte damit.

Rudolf wollte die Nummer Eins werden. Er beherrschte die Bühne, die anderen waren nur auf der Bühne. Was ihn unterschied von den anderen, waren außerdem seine Athletik und seine animalische Kraft. Er hatte die Bereitschaft, alles zu riskieren, in jeder Hinsicht. Das macht heute niemand. Und das Wort Spektakel muss man in Zusammenhang mit Nurejew sehen. Er war ein Spektakel im positiven Sinn, er machte Ballett zum Happening. Er hat immer mehr in seine Auftritte hineingelegt, als notwendig war. Das war Theater! Sein Erscheinen ist nur vergleichbar mit Wazlaw Nijinskis Ankunft im Westen als Star der Ballets Russes.

Wien hat er geschätzt, als Stadt der Kultur, als Metropole, wegen der Musik, nicht zuletzt wegen der slawischen Seele, die hier spürbar ist. Er hatte hier sein treuestes Publikum. Wien war ein Stück Heimat für ihn.

Alexander Ursuliak war stellvertretender Direktor des Wiener Staatsopernballetts und Direktor der Ballettschule von 1966 bis 1973.

Als Armand in *Marguerite und Armand*

Marguerite und Armand: Traumpaar Fonteyn und Nurejew

„I MISS YOU, RUDOLF"

GERLINDE DILL – EIN BLICK ZURÜCK AUF EINE ERFÜLLTE ZEIT

1961 trainierte ich im Studio Wacker in Paris. Alle Zeitungen schrieben, dass ein junger sowjetischer Tänzer nach dem Gastspiel des Kirow Balletts in Paris zurückgeblieben war und das Cuevas-Ballett diesem Tänzer, Rudolf Nurejew, einen Vertrag angeboten hatte. Ich war sehr neugierig, die *Dornröschen*-Vorstellung zu sehen, in der er als Blauer Vogel auftreten sollte. Da ich während meiner Pariser Studienzeit nicht viel Geld hatte, ergatterte ich nur mit Mühe einen Platz auf der Galerie. Zu Beginn des dritten Aktes spürte man eine elektrische Spannung im Publikum. Mit den ersten Tönen der Musik betrat ein kraftvoller Tänzer die Bühne, und als er zu tanzen begann, hatte man das Gefühl, wirklich einen Vogel – bar jeder Schwerelosigkeit – zu sehen. Es war einfach unglaublich, Nurejew zu erleben. Mit seinem Charisma beherrschte er die ganze Bühne. Am Ende gab es tosenden Applaus. Aber man hörte auch starke Buhrufe und es wurde sogar Pfeffer gestreut, denn nicht alle Zuschauer waren mit dem Absprung Rudolf Nurejews vom Kirow Ballett einverstanden.

Wien 1964: Nach dem Abgang Herbert von Karajans, der nicht nur ein großer Verlust für die Wiener Staatsoper, sondern auch für deren Publikum war, suchte man ein anderes Idol. Aus diesem Grund machte Ballettchef Aurel von Milloss den Vorschlag, Rudolf Nurejew die Neuinszenierung des *Schwanensee* anzubieten. Direktor Egon Hilbert war sofort damit einverstanden, Nurejew, der in der Zwischenzeit an der Seite von Margot Fonteyn ein Fixstern am internationalen Tanzhimmel geworden war, einzuladen. Wir waren alle sehr aufgeregt, denn Nurejew ging der Ruf voraus, nicht nur eine große, sondern auch sehr schwierige Persönlichkeit zu sein. Als er nach dem Training zusammen mit Milloss die Besetzung für *Schwanensee* machte, bemerkte er, dass für seine Version mit 32 Schwänen zu wenig Tänzerinnen vorhanden waren. Aus diesem Grund wurden die besten fünf Mädchen aus der Abschlussklasse der Ballettschule dazu engagiert. Für mich eine besondere Freude, da ich – damals am Beginn meiner Laufbahn als Lehrerin – diese Mädchen für die Abschlussprüfung vorbereitet hatte. Die Arbeit mit Rudolf Nurejew war für alle Tänzer, die tatsächlich tanzen und arbeiten wollten, ein großes Erlebnis. Er war nicht nur ein phantasievoller Choreograph und großartiger Coach, sondern auch gerecht. Schwierig wurde er nur, wenn jemand nicht hundertprozentig arbeitete. Dann allerdings wurde er sehr zornig und schleuderte alles, was ihm gerade in die Hände kam, durch den Ballettsaal.

TALENTEFÖRDERER UND MOTOR Er hatte auch noch eine andere, selten gewordene Eigenschaft: Er erkannte nach kurzer Beobachtung, wer Talent für große Rollen des klassischen Repertoires besaß. Die besten Beispiele dafür waren Ully Wührer und Michael Birkmeyer, die er als eine alternative Besetzung für Odette/Odile und Siegfried auswählte. Es war damals gar nicht so einfach, ein blutjunges Paar so zu fördern und die Hierarchie, die damals im Staatsopernballett herrschte, zu durchbrechen. Aber der Erfolg gab ihm recht, sie waren wirklich ein schönes Paar: Ully Wührer, eine Ballerina mit unglaublicher Eleganz, Poesie und sehr schönen Füßen (das war Rudolf immer sehr wichtig) und Michael Birkmeyer, der zu den elegantesten Tänzern (schon seiner Figur wegen) zählte. Die *Schwanensee*-Premiere wurde zu einem triumphalen Erfolg. Nurejews Ausstrahlung, gepaart mit der Allüre der wunderbaren Fonteyn, bleibt unvergesslich. Die Poesie des vierten Aktes, in dem man wirklich das Gefühl hatte, weinende Schwäne zu sehen, verbunden mit der Interpretation der Fonteyn als verlassener Geliebter, war unglaublich berührend. Rudolf Nurejew als Siegfried tanzte nicht nur mit höchster technischer Brillanz, sondern erzählte auch die Geschichte, beginnend als verträumter Prinz und endend als verzweifelt in den Wellen ertrinkender Liebender.

Dem Choreographen Nurejew war nicht nur wichtig, dass technisch perfekt getanzt wurde, sondern dass auch die künstlerische Interpretation stimmig war. Jedes einzelne Corps de ballet-Mädchen sollte wirklich das Gefühl haben, eine in einen Schwan verwandelte Prinzessin zu sein und mit der Freundin den Verlust des Geliebten zu betrauern. Er hatte die Fähigkeit, die besonderen Begabungen der einzelnen Tänzerinnen und Tänzer zu erkennen, diese maximal zu fordern und sie vor allem mit seiner absoluten Begeisterungsfähigkeit zu inspirieren.

PROFIT FÜR WIENER BALLERINEN Generationen des Wiener Staatsopernballetts haben davon profitiert, mit ihm zu arbeiten, darunter: Susanne Kirnbauer, Lisl Maar, Lilly Scheuermann, Judith Gerber, Jolantha Seyfried, Maria Luise Jaska, Christine Gaugusch und viele andere mehr.

Auch ich lernte noch sehr viel dazu, als ich ein Jahr später choreographische Assistentin wurde und das Glück hatte, mit ihm zusammenzuarbeiten. Neben zahlreichen internationalen Gastballerinen, die Nurejew nach Wien mitbrachte, tanzte er aber auch mit Wiener Ballerinen und gab dem Ballett dadurch das Gefühl, zu seiner Familie zu gehören. Ully Wührer wählte er zu seiner Partnerin in

Als Blauer Vogel, mit dem Cuevas-Ballett, Paris 1961

Schwanensee 1983, 100. Vorstellung, v.l.n.r.: Ludwig M. Musil, Gisela Cech, Michael Birkmeyer, Rudolf Nurejew, Brigitte Stadler, Ludwig Karl, Lilly Scheuermann, Karl Musil, Maria Luise Jaska

Don Quixote. Später wurde Gisela Cech zu seiner bevorzugten Partnerin. Die blutjunge Brigitte Stadler bekam die Chance bei der 100. *Schwanensee*-Vorstellung die Odile zu tanzen. Diese Vorstellung war überhaupt etwas Besonderes, denn es tanzten drei verschiedene Ballerinen den Part der Odette/Odile: im zweiten Akt Gisela Cech, im dritten Akt Brigitte Stadler und im vierten Akt Lilly Scheuermann. Die Solisten Lucia Bräuer und Karl Musil, die zu dieser Zeit schon in Pension waren, wurden eingeladen, wie bei der Premiere Königin und Rotbart zu interpretieren. Auch ich tanzte auf Rudolfs Wunsch den Spanischen Tanz wie damals bei der Premiere. Es war aber nicht nur der 100. *Schwanensee*, sondern auch Rudolfs Geburtstag. Am Ende der Vorstellung, als er die Bühne betrat, regnete es Kaskaden von Rosen. Ein großes, wunderbares Fest, dass ihn sehr glücklich gemacht hat …

„SIND WIR IM ZIRKUS?" Seine Professionalität war bewundernswert. Er probte nie, ohne vorher ausführlich trainiert zu haben. Dieser Umstand war allerdings bei Nachmittagsproben für seine auf den Beginn wartenden Partnerinnen nicht sehr angenehm. Eine Vorstellung konnten wir erst dann beginnen, wenn er „ready" sagte. Nurejew tanzte Teile seiner Variationen immer vor Vorstellungsbeginn auf der Bühne und übte so lange, bis er mit dem Ergebnis zufrieden war. Daher begannen „Nurejew-Vorstellungen" zum Entsetzen unseres damaligen Chef-Inspizienten, der dann immer sagte „Sind wir denn im Zirkus?", meistens zehn Minuten später.
Eine ganz andere Seite seiner Persönlichkeit war die Sehnsucht nach Familie und Wärme. Er war glücklich, solch eine Atmosphäre in Wien bei Professor Wilhelm Hübner, dessen Frau und deren Kindern zu finden. Familie Hübner hat sich immer rührend um ihn gekümmert und auch mitgeholfen, dass er später den Weg eines Dirigenten beschreiten konnte. Nurejew war überhaupt sehr musikalisch, manchmal saß er nach dem Ende seiner Abendprobe im halbdunklen Ballettsaal und spielte Klavier. Seine Musikalität spürte man auch in all seinen Choreographien.

Gerlinde Dill gratuliert Rudolf Nurejew nach dem 100. *Schwanensee*

Mit Maria Luise Jaska im Neujahrskonzert 1992

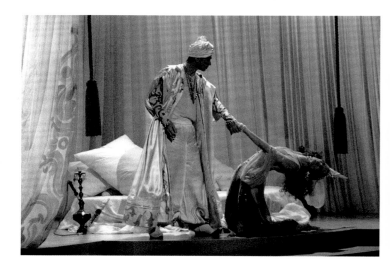

DER HOLZSPAN   Bei einer *Dornröschen*-Vorstellung, die wir noch auf dem alten Holzboden der Bühne absolvierten, tanzte Nurejew großartig zwei Drittel jenes langen und eindrucksvollen Solos, das er für das Najaden-Bild choreographiert hatte, bis er sich bei einem Schritt einen riesigen Holzspan durch den Schuh einzog. Da er immer wollte, dass ich bei all seinen Vorstellungen in der ersten Bühnengasse saß, rief er mir zu, ich solle den Vorhang fallen lassen. Anschließend humpelte er zur ersten „Gasse" und setzte sich nieder. In der Zwischenzeit kam schon der herbeigerufene Arzt. Nurejew stieß ihn zur Seite, zog einem Bühnenarbeiter eine Zange aus dem Gürtel, entfernte den großen Holzspan aus seinem Fuß, stand auf und sagte: „Es kann weiter gehen." Auf meine Frage, an welcher Stelle das Orchester wieder beginnen solle, war seine Antwort: „Natürlich vom Anfang des Solos, niemand soll glauben, dass ich dieses Solo nicht zu Ende tanzen kann."

Eine große Freude war es, dass er in meiner Choreographie eines Neujahrskonzertes der Wiener Philharmoniker unter Carlos Kleiber in dem Walzer *Tausend und eine Nacht* den Schah darstellte. Der Ausdruck seines (trotz schwerer Krankheit) wunderschönen Gesichtes war ein großes Erlebnis für mich.

Später, während meiner Zeit als Ballettdirektorin in Graz, luden Intendant Dr. Brunner und ich ihn ein, die *Nussknacker*-Premiere in Graz zu dirigieren. Ich versuchte ihn telefonisch zu erreichen, er residierte auf jener Insel, die einst Léonide Massine gehört hatte. Endlich funktionierte es, ich war froh, Rudolfs Stimme zu hören. Gleichzeitig war ich aber auch sehr erschrocken, denn diese Stimme, die ich so frisch in Erinnerung hatte, klang wie aus einer anderen Welt. Ich sagte, wie sehr ich mich auf die zukünftige Zusammenarbeit freue und wie sehr ich ihn vermisse: „I miss you, Rudolf." Und seine Antwort war: „I miss you too, Gerlinda." Das waren die letzten Worte, die ich mit ihm gewechselt habe.

Gerlinde Dill tanzte den Spanischen Tanz *in Nurejews* Schwanensee. *Sie war ab 1963 Assistentin der Ballettdirektion, von 1980 bis 1990 Ballettmeisterin der Wiener Staatsoper und in der Spielzeit 1990/91 mit der Leitung des Balletts betraut.*

VON KOSTÜMEN, MUSKELKRÄMPFEN UND SCHÖNEN ROLLEN

KARL MUSIL ÜBER DEN GROSSEN KOLLEGEN, DER WIE EIN „GLÖCKERL" TANZTE

Ich habe Rudolf Nurejew bei einem seiner ersten Auftritte in Deutschland, 1962 in Stuttgart kennengelernt. John Cranko hatte mich für eine Gala eingeladen, ich sollte mit Marcia Haydée *Coppélia* von Nicholas Beriozoff tanzen. Und Erik Bruhn war eingeladen bei der Gala, den *Grand Pas classique* mit Yvette Chauviré zu tanzen. Bruhn aber erkrankte und schickte Nurejew. Ich machte mit Erika Zlocha den Bauern-Pas de deux aus *Giselle* von Gordon Hamilton. Nach den Proben kam John zu mir und fragte mich, ob ich Nurejew mein Kostüm borgen könnte: „Rudolf will dein Kostüm haben, wenn du nein sagst, dann nein, aber er möchte es unbedingt." Ich bekam ein Kostüm aus dem Fundus, das mir nicht so gut passte. Ich führte – im Bauern-Pas de deux – drei double tours en suite ein, das hat man vorher nicht gemacht, das gefiel Cranko und wohl auch Nurejew. Denn nach der Vorstellung sagte er zu mir: „It was your costume?" „Yes". Nurejew: „Sorry".

Als er nach Wien kam, um den *Schwanensee* zu machen, war ich für ihn so was wie ein Notnagel, denn seine Wahl war der Michael Birkmeyer, das war ganz klar. Er war damals aber noch ein ganz junger Gruppentänzer, sodass ich auf jeden Fall den Siegfried nach den beiden ersten Vorstellungen von Nurejew (mit Fonteyn) übernehmen sollte. Dann erst kam Birkmeyer (mit Wührer) an die Reihe. Edeltraud Brexner hätte die Odette sein sollen, riss sich aber die Achillessehne, so bekam Christl Zimmerl die Chance, also eigentlich auch ein Notnagel. Nurejew wurde immer gefragt, welche Fassung er denn nun mache. Er hat ja große Teile aus der Leningrader Version und im vierten Akt manches aus der Burmeister-Fassung genommen. Das wollte er aber nicht so gerne zugeben und hat immer herum-

Karl Musil und Christl Zimmerl in *Schwanensee*, 2. Akt, Wien 1964

Nurejews erste eigene Choreographie: *Tancredi* mit Lisl Maar und Ully Wührer, Wien 1966

gedrückt. Die pantomimischen Stellen, die er später einfügte, hatte er damals nicht drin, das interessierte ihn überhaupt nicht. Bruhn war auch da und half ihm. Nurejew hat also die Choreographie auf uns gestellt, wir mussten sie ihm immer wieder zeigen. Als es dann zu den ersten Durchläufen kam, stellte sich heraus, dass man Muskelkrämpfe bekam, nicht nur ich, sondern auch er. Die Passés auf der hohen Halbspitze waren damals ganz ungewöhnlich für einen männlichen Tänzer, davon konnte man schon Krämpfe bekommen. Er hat später vor den Auftritten ein Beinnetz getragen, das durch elektrischen Kontakt eine Vibration verursachte, also einer leichten Massage entsprach. Als die Fonteyn kam, hat er ihr ziemlich nervös vorgezeigt was sie zu tun hatte, vor allem im dritten Akt. Die Wiener Fassung des *Schwarzen Schwan*-Pas de deux ist ja original von ihm. Und sie, ganz Dame, hat das akzeptiert. Was die Charaktertänze betrifft, da hat er sich von mir die Fachbücher von Alexander Schiriayew, aus dem Jahr 1936, und von Tamara Tkatschenko ausgeborgt, da waren die Tänze ja ganz genau verzeichnet. Ich durfte ihm das alles kopieren, das war damals sehr teuer, und dann hat er mich nur abgebusselt dafür. Was mir an seinem *Schwanensee* sehr gefällt, ist die Verwandlung des Prinzen in einen Schwan im vierten Akt. Er übernimmt die Vogelbewegungen von ihr. Das ist auch logisch. Zwei Liebende finden einander und verschmelzen ineinander mit denselben Bewegungen. Bei der Pressekonferenz vor der Premiere mit Hilbert waren nicht nur Nurejew und Fonteyn, sondern auch Zimmerl und ich eingeladen, das erste Mal glaube ich, dass in Wien Tänzer an einer Pressekonferenz teilnehmen durften. Und als ein Journalist fragte, warum Nurejew immer diese Skandale verursache, bin ich aufgesprungen und habe von der Kunst geredet.

Als ich beim Chicago Opera Ballet (1965) eingeladen war, den Pas de deux aus dem dritten Akt *Schwanensee* mit Irina Borowska zu tanzen, wollte ich Rudis Version machen, er aber hat mir davon abgeraten. Die Amerikaner wollten die internationale Fassung sehen, nicht jene, die Nurejew für uns gemacht hatte. Er tanzte übrigens mit diesem Ensemble den Danilo in der *Lustigen Witwe*-Fassung von Ruth Page, eine Rolle, die ich dort von ihm übernahm. Ich habe dann in Wien mit ihm den Apollo geprobt, John Taras leitete als Assistent von Balanchine die Einstudierung. Ich zeigte Nurejew den tanztechnischen Teil.

Der *Schwanensee*-Erfolg sollte fortgesetzt werden und Milloss dachte, dass Nurejew *Le Chout* von Prokofjew

Karl Musil als Tancredi mit Ully Wührer und Franz Wilhelm

machen sollte. Dann aber wurde daraus Hans Werner Henzes *Tancredi*, Milloss kannte den Komponisten gut, und da tat sich Rudi unendlich schwer. Die Musik sagte ihm nichts. Bei den Proben fiel ihm dazu nichts ein. Nurejew nach dem Mißerfolg: "Back to the classics". Er machte dann *Don Quixote*. Ein Jahr später fragte mich Nurejew, im Auftrag von Fonteyn, ob ich den Vater in Ashtons *Marguerite und Armand* machen wolle. Ich fühlte mich sehr geehrt, da das immerhin eine Rolle war, die Michael Somes getanzt hatte, und hab das gern gemacht. Der Tänzer Nurejew brauchte immer einen Adrenalinstoß, den er meist selbst herbeiführte. Dann aber tanzte er wie ein "Glöckerl". Meiner Meinung nach war der Rudi immer der Rudi, er wandelte sich nicht auf der Bühne. Ich – zum Unterschied – wollte eigentlich nie als Musil erkannt werden.

Karl Musil tanzte Hauptrollen in den Nurejew-Inszenierungen Schwanensee, Tancredi *und* Don Quixote *und gab den Vater in der Wiener Aufführungsserie des Frederick Ashton-Balletts* Marguerite und Armand *mit Nurejew und Fonteyn.*

GELIEBTER RUDOLF

SUSANNE KIRNBAUER – ERINNERUNGEN, DIE MIR KOSTBAR SIND!

DER ANFANG: SCHWANENSEE 1964

Zugegeben, ich fand ihn vom ersten Augenblick seines Erscheinens im Ballettsaal der Wiener Staatsoper an faszinierend! Von Kopf bis Fuß in Leder gehüllt, mit einer Riesenkappe und wuchtigen Stiefeln, durchschritt er den Saal, ein maliziöses Lächeln auf den Lippen, neugierige, blitzende Augen und ein gehauchtes "Hi" zu ungefähr 60 TänzerInnen.

Die Proben für *Schwanensee* begannen. Sie waren unheimlich anstrengend, weil Rudolf uns bis zur Erschöpfung forderte. Aber die Freude und Faszination über die Art, wie er vorzeigte, ließ uns nicht müde werden. Er konnte, wie kein anderer Choreograph vor oder nach ihm, die verschiedensten Rollen, egal ob weiblich oder männlich, hinreißend demonstrieren. Dazu kam sein witziges Russisch-Englisch und dieses Gesicht – jede Sekunde eine andere Grimasse, mindestens so beweglich wie sein Körper!

Oft saß ich bei Proben, in denen ich nicht beschäftigt war, und ließ ihn nicht aus den Augen! Ich wollte mir diese

Rudolf Nurejew dirigiert, Wien 1992

Facetten seines Ausdrucks einprägen – für immer! Sie sind, Gott sei Dank, bis heute für mich jederzeit abrufbar – ich sehe ihn vor mir!
Die Zeit der Ballettproben war vorbei und wir übersiedelten auf die Bühne. Als eine der Pas de cinq-Tänzerinnen probte ich die Polonaise aus dem ersten Akt, bei der die Hofgesellschaft und die Freunde des Prinzen ein Fest feiern. Mit Weinbechern wird angestoßen und getanzt. Wie das bei solchen Proben im Anfangsstadium so ist, waren die Weinbecher noch nicht die "Originalen", sondern aus Zinn (später aus Pappmaché), und wie sich herausstellte, sollten diese nicht ganz ungefährlich sein. Durch eine unglückliche Bewegung meines Partners, erwischte mich so ein Becher an der Schläfe. Blut floss über mein Gesicht; trotzdem versuchte ich tapfer weiterzutanzen bis es einfach nicht mehr ging.
Aus dem Zuschauerraum schrie der Assistent, René Bon aus Frankreich: "Mais Susie, pourquoi tu t'arrêtes?" ("Aber Susi, warum hörst Du auf?"). Er hatte offensichtlich nicht verstanden, was passiert war! Den Tränen nahe, erlöste mich ein "Stop" von Rudolf, der in der Kulisse stand. Er forderte mich auf, von der Bühne zu gehen, nahm sein Handtuch und trocknete mir damit sehr behutsam das Gesicht ab und sagte schlicht: "Must see the doctor". Der Cut wurde kurz darauf im Spital genäht und ich musste sehr ungeduldig einige Tage pausieren. Als Trost hatte und habe ich noch heute Rudolfs Handtuch mit der Aufschrift "Hotel Sacher".

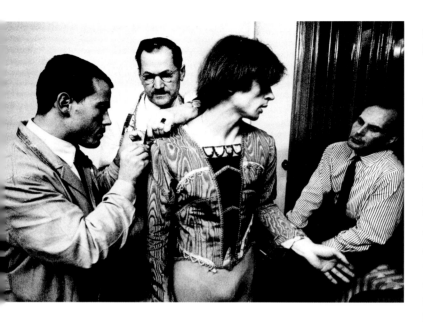

Nurejew und sein Ausstatter Nicholas Georgiadis (ganz rechts) bei der Kostümprobe in Wien

DON QUIXOTE 1966 Rudolf war in der Zeit zwischen der *Schwanensee*-Premiere und der Premiere von *Don Quixote* als Tänzer und Choreograph häufig Gast in Wien. Inzwischen hatte er sich die Gesichter und Namen vieler Tänzer gemerkt und ihnen, wenn auch nicht immer schmeichelnde, Spitznamen gegeben. Die netteren davon waren „bloody idiot, monster, lazy cow oder Trunkenbold".
Trotzdem freuten sich fast alle auf die Neuproduktion von *Don Quixote*. Diesmal hatte ich wieder die Rolle einer Freundin, die der Kitri und des Basil. Rudolf war Basil und meine Kollegin und ich hatten unter anderem einen heiklen Pas de trois mit ihm zu tanzen. Er rempelte uns bei diesen Proben fast zu Boden, schrie und tobte, immer mit dem Tenor, wir seien falsch, zu langsam, zu schnell, zu spät, zu früh ... Irgendwann war es mir zuviel! Ich nahm meinen ganzen Mut zusammen und sagte vorsichtig: „You are wrong!" Er schaute mich kurz, durchdringend an – das war's!
Wochen später, wir saßen hinter der Bühne, irgendein Umbau hatte nicht geklappt und wurde wiederholt – wir warteten. Rudi kam plötzlich zu mir, um mir zu erklären, dass er in Zukunft von mir Korrekturen erwarte. Ich sollte wie ein Coach aufzeigen, was bei Posen oder Schrittfolgen schlecht ausgeführt wurde. Ich blieb mit offenem Mund stehen, nickte, war aber sprachlos! Wie konnte ich, damals als Halbsolistin (das bedeutete, Mitglied im Corps de ballet und zusätzlich für Soloauftritte verpflichtet zu sein), mich trauen, dem Star Rudolf Nurejew, Fehler aufzuzeigen?
Nach dem Applaus einer der folgenden Vorstellungen versuchte ich mich so schnell wie möglich zu verdrücken und hoffte inständig, Rudi hätte nur gescherzt oder vergessen, worum er mich gebeten hatte. Dem war nicht so! Er erwischte mich forsch an der Hand und sagte „Tell me!" So kam es, dass ich bei vielen Vorstellungen, wo er für meinen Begriff phantastisch war und das Publikum raste, kleine Fehler herbeilog.
Viel später, als wir uns näher kannten, fragte ich ihn nach dem Grund, warum gerade ich ihm Korrekturen geben sollte, wo er doch so viele Freunde aus der Tanzbranche hatte! Er meinte, das wären keine Freunde, die es ehrlich sagen würden, sondern Anbeter, die vor ihm knien und es nicht wagen würden, ihm die Wahrheit zu sagen.
Ich konnte trotzdem mit meinen Lügen leben!

PRIVATE EINLADUNG 1977 Wenn ich von den Proben todmüde, aber andererseits total aufgekratzt nach Hause kam, erzählte ich oft meinem Mann, wie aufregend, faszinierend und täglich anders unsere Probenarbeit war. Nach wie vor begeisterte mich, wie er uns motivieren konnte, wie er nicht müde wurde, von einer Rolle in die andere zu schlüpfen, um für sich und uns das beste Resultat für die Vorstellungen zu erreichen. Er verabscheute „Faultiere" und liebte „Arbeitstiere", wie er eines war! Ich glaubte zu erkennen, dass er mich mochte und meinen Fleiß schätzte. Angesteckt durch meine enthusiastischen Erzählungen, meinte mein Mann, dass er ihn gerne kennen lernen würde, und ich ihn doch einmal zu uns nach Hause einladen sollte. Ich konnte mir nicht vorstellen, dass er zusagen würde, wusste aber auch, dass es nur klappen könnte, wenn ich einen Tag abwartete, an dem Rudolf bei guter Laune ist.

Einladung im Hause Bundy-Kirnbauer nach der *Schwanensee*-Wiederaufnahme 1977:
v.l.n.r.: Hans Bundy, Gabriele Haslinger, Michael Birkmeyer, Susanne Kirnbauer und Rudolf Nurejew

Susanne Kirnbauer als Carabosse in Nurejews *Dornröschen*

Eines Tages wagte ich also die Frage und Rudolf sagte schlicht „Why not?" Leicht irritiert fragte ich ihn, was er essen und trinken wolle, und sagte, dass er gerne Freunde mitbringen könnte. Er wünschte sich „beef tartare, ice water and dry white wine".

Das Datum wurde mit seinem Manager fixiert, ich lud einige Kollegen ein, von denen ich wusste, dass er sie mag, und dann kam der Abend. Mit einiger Verspätung kam er, im Gefolge von drei jungen Männern, die ich nicht kannte, die er aber sehr bestimmt ziemlich bald wieder wegschickte. Er bewunderte unsere Wohnung, die Sammlung von Bronze- und Keramiktänzerinnen und einige Jugendstilantiquitäten. Wir wussten, dass er selbst leidenschaftlich gern in Antiquitätenläden stöberte und viel einkaufte. Nach dem Essen scharrten wir uns im Wohnzimmer gemütlich um Rudolf, der die witzigsten Anekdoten, gespickt mit Sarkasmus und hellem Lachen, erzählte. Zu vorgerückter Stunde – der Wein ließ uns übermütig werden – meinten die Damen in der Runde, dass doch so ein „Genius" wie Rudi für Nachkommen sorgen sollte ...

Die Lösung, die er vorschlug, kann ich hier nicht wiedergeben – klar war allerdings, dass dies einer unserer Wunschträume bleiben sollte! Wir lachten viel und hatten nicht bemerkt, dass es schon vier Uhr früh war. Was für eine herrliche, unglaubliche Nacht, die Rudi uns geschenkt hatte!

DORNRÖSCHEN 1980   Die Premiere war ein Riesenerfolg. Wie immer waren die ermüdenden Proben, vor allem für das Damen-Corps de ballet, fast vergessen, obwohl Rudi in seiner Choreographie der Gruppe derart schwieriges, anspruchsvolles Schrittmaterial vorgegeben hatte, sodass manchmal auf zwei Takte mehrere Schritte ausgeführt werden mussten. Auch die Kostüme haben es uns allen schwer gemacht, ätherische Wesen zu verkörpern. Der Ausstatter Nicholas Georgiadis hatte an Samt, Brokat, Federn, Perlen ... nicht gespart. Meine Rolle war die der bösen Carabosse und da es eine pantomimische Charakterrolle war, in der ich vor allem großzügig schreiten musste, empfand ich die 22 Kilogramm, die mein Kostüm wog, als nicht so tragisch. Meine Garderobiererin Gerti musste es immer hin- und herschleppen, und hatte sich deshalb den Spaß gemacht, die Stoffmassen abzuwiegen.

Irgendwie hatte ich mich im Laufe der Kostümproben, wie alle anderen, daran gewöhnt – sogar an meine Schleppe, die ich, je nach freier Hand (in der anderen hielt ich einen Stab), wild und böse nach links und rechts schmeißen konnte. Manchmal setzte ich dazu auch noch eines meiner Beine ein. Trotzdem wurde mir die Schleppe beim Verbeugen zum Verhängnis. Als ich an Rudolfs Hand auf der einen Seite und an der Hand des Kollegen, der den Blauen Vogel getanzte hatte, auf der anderen Seite, den Applaus entgegennahm, war alles wunderbar. Allerdings hätte ich beim Zurückgehen beide Hände benötigt, um meine Schleppe zu raffen. (Die Tradition verbietet es, sich nach dem „compliment" umzudrehen und dem Publikum den Rücken zu zeigen; man bewegt sich mit dem Gesicht nach vorne einige Schritte zurück). Das Problem war nur Rudolf, der meine Hand nicht ausließ und mich nach hinten zerrte, was voller Angst und Panik meinerseits, um nicht am Allerwertesten zu landen, zögernd und stolpernd nur mühsam gelang. Das Ganze wiederholte sich ein paarmal.

Endlich fiel der Hauptvorhang und ich versuchte Rudi zu erklären, warum ich meine Hand benötige, da ich sonst eben nicht schnell zurückgehen könne. Er lachte nur! Von diesem Tag an, genoss er es als Spiel, mich nicht loszulassen, im Gegenteil er hielt meine Hand noch fester. Letztlich habe ich irgendwann gewonnen und mich mit voller Wut losgerissen. Das Spiel war zu Ende! Ein beleidigter „Bub" – Rudi – blieb mir in Erinnerung. Es machte ihm in der Folge in Wien, Athen oder Japan keinen Spaß mehr! Mir auch nicht, denn ich vermisste etwas ...

JAPAN TOURNEE 1984   Wir, das Wiener Staatsopernballett, der Ballettdirektor und die MitarbeiterInnen der Abteilungen Garderobe, Maske und Technik, sowie der Bundestheater-Generaldirektor Robert Jungbluth saßen schon im Flugzeug, um, in Tokio beginnend, unsere Tournee durch Japan anzutreten. Die Protagonisten in Nurejews *Dornröschen*-Produktion waren der Choreograph selbst und Yoko Moroshita, die wir erst in Japan treffen sollten. Kurz vor dem Start bat mich Jungbluth doch nach vorne in die 1. Klasse zu kommen. Da meine Rolle der Carabosse nicht besonders anstrengend war, empfand ich diese Bevorzugung gegenüber meinen Solisten-KollegInnen, die schwierigere Partien zu tanzen hatten, unfair und weigerte mich auch mit dieser Begründung. Es half nichts. Jungbluth sagte:

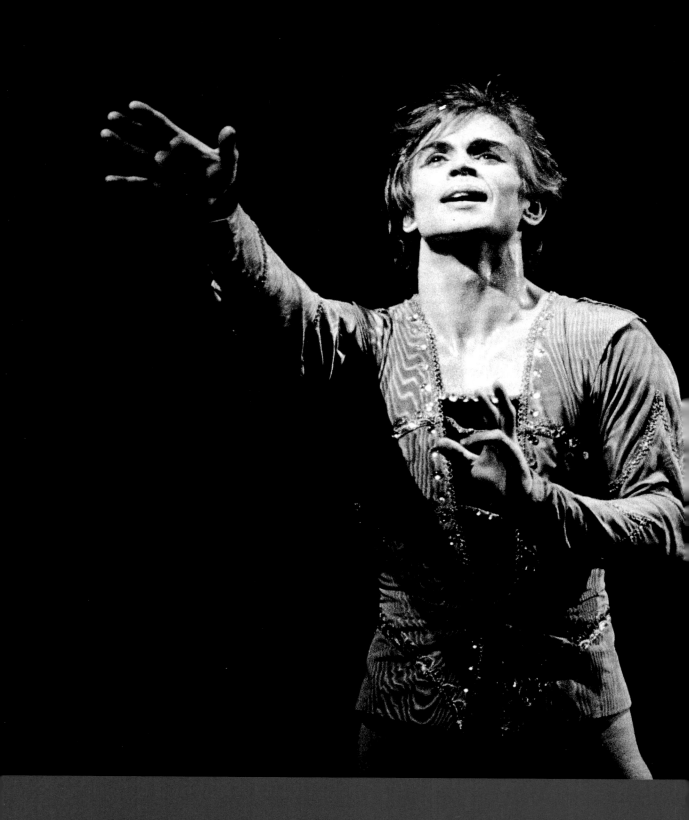

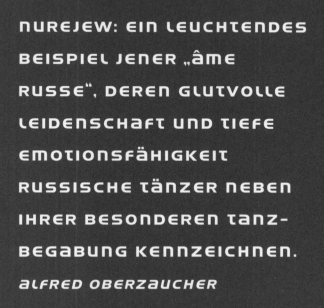

NUREJEW: EIN LEUCHTENDES BEISPIEL JENER „âme russe", DEREN GLUTVOLLE LEIDENSCHAFT UND TIEFE EMOTIONSFÄHIGKEIT RUSSISCHE TÄNZER NEBEN IHRER BESONDEREN TANZ-BEGABUNG KENNZEICHNEN.
ALFRED OBERZAUCHER

Den Schwänen nachblickend ...

Bei Nurejews letzten Siegfried-Auftritten in Wien 1988 ist Susanne Kirnbauer die Königin, des Prinzen Mutter

„Rudolf wünscht es!" Ungern und widerwillig ging ich in nach vorne. Da saß er also, etwas bleich und zog mich sofort in den Sitz neben sich. Der Flieger startete, als sich Rudolf im Moment des Abhebens etliche schon bereit gelegte Polster über den Kopf zog, meine Hand ergriff und fest drückte, wie in Panik. Langsam, ganz langsam erholte er sich von dieser Panikattacke, warf die Pölster weg und sagte: „Thank you, now we can have a bottle of champagne!" Erst viel später erfuhr ich, dass er, der Vielreisende, furchtbare Flugangst hatte. Was für eine zusätzliche Belastung bei so einem Pensum an Gastspielen auf der ganzen Welt – unglaublich, aber wahr.

50. GEBURTSTAG 1988 Eines Tages erhielt ich in meinem Büro in der Wiener Volksoper den Anruf des Ballettdirektors der Wiener Staatsoper, Gerhard Brunner, der mich fragte, ob ich Lust hätte, die Rolle der Königinmutter in *Schwanensee* für einen Abend zu übernehmen. Es wäre Rudolfs 50. Geburtstag zu feiern und man hätte sich einige Überraschungen für ihn ausgedacht. Sehr gerne sagte ich zu. Der Gedanke, Rudi nach langer Zeit wiederzusehen, und ihm als „Mutter" gegenüberzustehen, war sehr verlockend. Da ich als Ballettchefin des Volksopern-Balletts sehr beschäftigt war, hatte ich nur wenig Zeit, um zu probieren, ein Umstand, den ich nie gerne hatte, da er mich nervös machte. Dazu kam, dass Rudolf mich vorher nicht sehen sollte, obwohl wir uns am Garderoben-Gang, Tür an Tür, vorbereiteten.

Der Auftritt im ersten Akt kam, Gott sei Dank, gleich zu Beginn. Ich trat königlich, mütterlich, umgeben von meinem Gefolge aus der Kulisse und erwartete meinen „Sohn". Und da stand er dann vor mir, mit seinem ernsthaften, einem Prinzen geziemenden Gesicht. Dann plötzlich dieses bekannte Rudi-Grinsen, wie ein schlimmer Bub, und er flüsterte: „Hey, what are you doing here?", küsste mir die Hand wie vor- geschrieben und strahlte.

Es war offensichtlich, dass er sich über diese Überraschung gefreut hat. Das wiederum freute auch mich. Ich bewegte mich einige Takte nicht von der Stelle, bis ich einen kleinen Schubs spürte und die Worte „Come on, mother" hörte. Wir mussten beide ganz unprofessionell lachen, was ihm bei dieser Vorstellung wohl gut getan hat, denn im dritten Akt war zu sehen und zu spüren, dass sein Elan und seine Kraft geschwunden waren, und er nur mehr mit eiserner Disziplin und vor allem seiner Ausdruckskraft, die er jetzt mehr denn je einsetzten musste, die Vorstellung zu Ende bringen konnte. Ein Tänzer baut ab dem 35. Lebensjahr körperlich ab und Rudolf absolvierte immer noch jedes Jahr ein unglaubliches Pensum an Vorstellungen.

Sein Auftritt machte mich und viele meiner Kollegen unendlich traurig. Ich erinnerte mich an einen Satz, den er bei uns zu Hause gesagt hatte: „When I am not dancing – I die".

Das Publikum aber jubelte – er war sein Idol und auch meines!

DER ABSCHIED: KONZERT IM PALAIS AUERSPERG 1991 Das war nun das zweite Konzert, das Rudi im Palais Auersperg als Dirigent gab. Ein kleines Orchester, bereit seinem „Maestro" jeden musikalischen Wunsch von den Augen abzulesen, war engagiert worden. Der Saal war diesmal, Gott sei Dank, ziemlich gut besucht, allerdings war die Spannung fast unerträglich, da die meisten im Publikum von Rudis schlechtem Gesundheitszustand wussten. Und dann trat er herein, gezeichnet von seiner Krankheit, aber stolz und aufrecht wie früher. Er stieg mühsam und zitternd das kleine Podest hinauf und hob angespannt wie ein Tiger den Taktstock. Ob er gut dirigiert hat, kann und will ich nicht beurteilen, außerdem hörte ich von der Musik kaum etwas, da ich vom Optischen so abgelenkt war. Rudolf dirigierte nahezu tänzerisch, mit wunderschönen Bewegungen der Arme und noblen Kopfbewegungen, völlig hingegeben. Ich sah ihn als Tänzer vor mir, es schnürte mir Hals und Herz zu, nahe daran, einfach loszuheulen. Danach gab es einen Empfang im Winter- garten. Fast alle, die dem Konzert beigewohnt hatten, waren geblieben, und als Rudolf kam, applaudierten wir. Die Bewunderung für den Menschen und Künstler Rudolf Nurejew war zu spüren.

Rudolf fror immer und hatte deshalb meistens Mütze, Schal, Pullover und Stola an. Diesmal war er so behängt, dass sein Gesicht und sein zerbrechlicher Körper fast nicht zu sehen waren. Ich merkte, dass er suchend herumblickte, um dann zielstrebig auf mich zuzukommen. Ich sah in seine gebrochenen Augen, er flüsterte ein müdes „Hey" und dann die gewisse Frage „How was it?" „Great", sagte ich und dann nach einer Pause ein blödsinniges „How are you?" Er: „Okay – bye". In dieser Situation erlaubte mir mein Gefühl, ihn auf beide Wangen zu küssen, und ich fragte mich, ob ich ihn wohl wiedersehen würde. Es war unsere letzte Begegnung.
Geblieben sind mir viele Bücher, Fotos und Unterlagen, die mir das Schicksal in die Hände gespielt hat, und vor allem meine kostbaren Erinnerungen, in denen er noch lebt!
Susanne Kirnbauer tanzte Hauptrollen in den Nurejew-Inszenierungen Schwanensee, Don Quixote, Dornröschen *und* Raymonda.

Das Geniale an ihm war sein Feuer

Michael Birkmeyer über den besten Coach, den man sich denken kann

Rudolf Nurejew war wie ein Schwamm, der alles aufgesaugt hat. Er war auf seine Art ein Genie. Das Geniale an ihm waren sein Feuer und seine Besessenheit.
Ich habe den Rudi schon 1959 im Raimundtheater gesehen, das war noch vor meiner Pariser Studienzeit bei Gsovsky (Victor, Anm. d. Hg.). Mein Vater (Toni Birkmeyer, Anm. d. Hg.) nahm mich mit, um mir zu zeigen, was die russischen Tänzer machten und sagte, dass Rudolf Nurejew, dieser junge Tänzer, ihn besonders beeindruckte. Er sei der erste Tänzer, der ihn an Nijinski erinnerte, mein Vater hatte Nijinski ein paar Mal tanzen gesehen. Papi hat dann nur von Nurejew geredet.
Ich war schon drauf und dran eigentlich Bühnenbild zu studieren und das Tanzen zu lassen. Da hieß es, Nurejew kommt an die Staatsoper, das war 1964. Er hatte damals schon eine Wirkung, die irgendwie mit den Beatles vergleichbar war. Er kam in den Ballettsaal, war sehr arrogant, er wollte nicht, dass ihm jemand zu nahe kommt. Er trainierte mit uns und fragte mich dann, wo ich studiert hätte. Ich sagte bei Gsovsky. Er fand das nicht schlecht. Er hat dann mich und Ully Wührer, wir waren beide im Corps de ballet und ganz jung, herausgeholt und uns für die Hauptrollen in seinem *Schwanensee* eingeteilt, nicht für die Premiere, erst für eine spätere Aufführung.
Rudi hat bei einer Aufführung der *Etüden* zugeschaut, er saß an der Seite, ich tanzte meine Variation, die nicht immer gut ging, und dann sah er auch noch zu. Aber er sagte nachher: „Oh Michael, not bad." Ich hatte immer das Gefühl, das er auf mich aufpasste. Rudi war der beste Coach, den man sich nur vorstellen kann.

 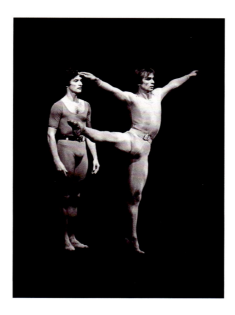

Was seinen *Schwanensee* betrifft: Er übernahm viele Ideen von Erik Bruhn, der bei den Proben in Wien dabei war. Bruhn sagte ihm immer: „More royal, not like a peasant" und meinte damit, dass er Schrittmaterial reduzieren solle. „Less is more". Nachdem die langsame Variation des Siegfried am Ende des ersten Aktes aus *Schwanensee* zusammengebastelt war, musste

Ganz links: Michael Birkmeyer und Ully Wührer in *Schwanensee*, 3. Akt
Links: Rudolf Nurejew und Michael Birkmeyer in Maurice Béjarts *Lieder eines fahrenden Gesellen* 1977

Rudolf Nurejew und Michael Birkmeyer in einer Ausstellung auf der Schallaburg 1968

ich sie den beiden vortanzen. Rudi fragte mich danach, woran ich während des Tanzens gedacht hatte. Ich sagte: „An den nächsten Schritt." Und er meinte: „Genau das ist es nicht. Es muss Gefühl in die Bewegung ..." Da habe ich langsam begriffen, was Tanzen sein kann. Außerdem sagte er mir: „Wenn du Applaus hast nach dieser Variation, ist das falsch, du musst im Geschehen bleiben." Das Lustige war, dass er dann Applaus hatte und ich, als ich Monate später den Siegfried tanzen durfte, nicht. Bei ihm war es nur ein kurzer Moment des falschen Timings. Ich schrieb ihm, dass ich es geschafft hatte und er gratulierte mir. Nurejew konnte einem jede Menge an Kleinigkeiten beibringen, die aber auf der Bühne das Wesentliche waren.
Wichtig war auch sein Satz: „Do, what's written in the book!" Er meinte damit, dass man sich an die Choreographie zu halten habe.
Eine andere Episode fällt mir ein: Als wir seinen *Don Quixote* probten, gab es Probleme mit den musikalischen Tempi. John Lanchbery dirigierte die Philharmoniker und Rudi sollte seine Variation Ende des ersten Aktes tanzen. Plötzlich stoppt er und schreit in den Orchestergraben: „It's too slow". John: „Okay!" Und Rudi legte wieder los und schrie: „It's too fast." Und tanzte wieder. Da klopfte John ab: „Rudi, how do you want it, too slow or too fast?" Daraufhin gab es schallendes Gelächter im Orchester. Und Rudi tanzte wieder, aber so, wie ich ihn in dieser Variation nicht mehr gesehen habe. Alles stimmte. Er brauchte diesen Adrenalinstoß. Er hatte eine unbändige, katzenartige Wildheit. Ich habe ihn oft und oft im *Corsaire*-Pas de deux gesehen. Schon sein Auftritt war eine Erregung.
Unser Kontakt blieb über die Jahre aufrecht. Zuletzt sah ich in Paris, zwei Tage bevor er starb. Ich brachte ihn vom Spital, gemeinsam mit Marika Besobrasova, in seine Wohnung und hob ihn, eingehüllt in meinen Wetterfleck, sodass die Photographen ihn nicht ablichten konnten, aus dem Auto. Er war so leicht. Und dann sprach er noch einmal von Erotik. Er war besessen von Erotik.
Michael Birkmeyer tanzte Hauptrollen in den Nurejew-Inszenierungen Schwanensee, Tancredi, Don Quixote *und* Dornröschen *und war oft Partner Nurejews in Maurice Béjarts* Lieder eines fahrenden Gesellen.

RUDOLF-ULYSSES: WAGEMUT UND GESELLSCHAFTSKRITIK

BERND R. BIENERT ÜBER RUDI VAN DANTZIGS WIENER BALLETT-THEATER

Zu Beginn der Saison 1978/79 wurde ich, eben 16 Jahre alt, von Ballettdirektor Dr. Gerhard Brunner ins Ensemble der Wiener Staatsoper engagiert. Bereits meine erste große Premiere sollte eine Solopartie in der Uraufführung von *Ulysses* mit Rudolf Nurejew in der Titelrolle sein. Die Choreographie des von James Joyces Roman inspirierten Werkes stammte von Rudi van Dantzig, der für mich die Rolle der „Jugend" des Ulysses kreierte. Schon vor der Sommerpause hatte er, auf der Suche nach der passenden Besetzung, die letzte Klasse der Bundestheater-Ballettschule besucht und mich dort entdeckt.

Ulysses war – auch noch aus heutiger Sicht – ein innovatives, äußerst wagemutiges Projekt, das die besten Künstler verschiedener Sparten in einem Auftragswerk für die Staatsoper vereinte. Für die Musik konnte Brunner den Wiener Avantgarde-Komponisten Roman Haubenstock-Ramati gewinnen, der eine suggestive, für Tanz sehr ungewöhnliche elektronische Zuspiel-Musik schuf, für die Ausstattung den Holländer Toer van Schayk. Rudi van Dantzig hatte bereits als Direktor und Chefchoreograph des Holländischen Nationalballetts für Nurejew mehrere Partien kreiert. Trotz dieser Vertrautheit mit van Dantzig stellte die Zeit seines Wiener Engagements – wie ich heute weiß – für Nurejew eine schwierige Lebensphase dar. Wie mir van Dantzig erzählte, unternahmen er und Nurejew während dieser Zeit in Wien oft gemeinsame Spaziergänge, dabei äußerte Rudolf immer wieder Selbstmordgedanken, ja erwog ernsthaft, sich aus dem Fenster zu stürzen. Zwar verlief die Arbeit im Studio mit Nurejew immer reibungslos. Hie und da legte er aber in den Proben ein exzentrisches Verhalten an den Tag. Einmal schleuderte Rudolf sogar seine schweren Holzpantoffel, die er über den Ballettschuhen trug und dann zur Probe auszog, scheinbar unmotiviert in hohem Bogen und mit großer Wucht quer durch den Ballettsaal. Es hieß, Rudolf sei über das Verhalten einer seiner Tanzpartnerinnen ungehalten gewesen.

SPASS MUSS SEIN Trotz allen Starrummels um ihn, blieb er aber in der Zusammenarbeit immer der witzige, intelligente und charmante Privatmensch; manchmal konnte er auch der ein wenig selbstkritische, kryptische Zyniker sein. Selbst in einem Moment wie kurz vor Vorstellungsbeginn von Hans van Manens *5 Tangos*, als wir bereits alle, die Herren in einer Reihe links, die Damen gegenüber, aufgefädelt – in angespannter Haltung – konzentriert auf der Bühne warteten, war Rudolf noch zu Scherzen aufgelegt: Indem er Daumen und Zeigefinger seiner beiden Hände im Karree zusammenfasste, zeichnete er eine Art obszönes Ding in die Luft, das uns zum Lachen brachte. Am Ende des zweiten Aktes seiner *Dornröschen*-Choreographie hatte Nurejew, er an der Hand Auroras, der wieder erweckten

Nurejew als Ulysses mit dem Staatsopernballett 1979

Mit der Urmutter (Christine Fränzel)

"schlafenden Schönheit", eine große Runde über die Bühne zu drehen, und ziemlich regelmäßig, ja fast schon traditionell, streckte er uns, sobald er dem Publikum den Rücken zuwandte, seine Zunge weit entgegen. Ob man das im Publikum wirklich nie bemerkt hat?

Zu den Proben kam Nurejew meist eine gute halbe Stunde zu spät. Ein gewohntes Bild für uns Tänzer war van Dantzig, der wieder einmal im Telefonzellchen vor dem kleinen Ballettsaal schon etwas verzweifelt den großen Ballerino zur Probe herüber zu telefonieren versuchte. Nurejew wohnte im Hotel Sacher, vis-à-vis der Staatsopern-Rückseite, Fenster an Fenster mit dem Studio, in dem wir an *Ulysses* arbeiteten. Eines Tages, als Rudolf zu Probenbeginn noch fehlte, öffnete van Dantzig in seiner Not ein Fenster des kleinen Ballettsaals und brüllte quer über die Straße: „Ruudoolf!!" Tatsächlich erschien wenig später der Star mit verschlafenem Blick im gegenüber liegenden Sacher-Fenster. Während seiner Arbeit in Amsterdam wohnte Rudolf bei Rudi und kam auch dort pünktlich zu spät zu den Proben, bis es van Dantzig mit einem Trick gelang, ihn wirklich „on time" im Studio erscheinen zu lassen. Van Dantzig drehte alle Uhren seiner Wohnung eine halbe Stunde vor, Nurejew kam tatsächlich pünktlich zur Probe. An den staunenden Gesichtern muss er bemerkt haben, dass ihm ein Streich gespielt worden war. Freundliche Kritik seines Freundes.

Der Choreograph sparte nie, auch in *Ulysses* nicht, mit Kritik an der Gesellschaft und ihrer materialistischen Orientierung. Seine Ansichten haben mich später noch bei meinen beiden Stücken *Über Leben* und *Koopavond* inspiriert. Jedenfalls war es Rudi van Dantzig, der in mir die ersten choreographischen Ambitionen weckte, indem er mich bat, den Schluss meiner Rolle in *Ulysses* selbst zu entwerfen. Nach anfänglichem Zögern begann ich etwas auszuarbeiten und festzulegen. Er hatte Vertrauen in mein künstlerisches Potential und ermutigte mich.

In der *Ulysses*-Choreographie waren viele Schritte und ganze Bewegungssequenzen synchron mit Rudolf auszuführen, dabei musste ich ihn öfter heben. Trotz der großen physischen Anstrengungen fühlte sich sein Körper gleichzeitig sehr nass und kalt, aber auch glitschig an. Immer ein bisschen außerirdisch – geheimnisvoll und rätselhaft. Ich hatte Angst, ihn abrutschen zu lassen, nicht halten zu können. Vor

Rudi van Dantzig (auf dem Sessel) bespricht *Ulysses* mit dem Staatsopernballett, 1979

einer Vorstellung hatte sich Rudolf einmal am Knie verletzt. Es wurde gebeten, alle gemeinsamen Schrittkombinationen so zu organisieren, dass er nach schwierigen hohen Sprüngen nicht auf seinem verletzten Bein landen musste. Vor dem Auftritt blieb keine Zeit, die neuen, geänderten Schrittkombinationen zu probieren, und wir begegneten einander erst auf der Bühne. Die Gefahr, sich mit einem Schritt, einer Bewegung in die falsche Richtung gegenseitig zu verletzen, war groß. Dann lief aber wie durch ein Wunder alles perfekt ab.

DIE TEPPICHFRESSER Um die Sehenswürdigkeiten außerhalb Wiens zu besuchen, kaufte van Dantzig sich einen aus den 50er Jahren stammenden schwarzen Mercedes. Zu den Kaufverhandlungen musste er eine Wiener Familie in deren Wohnung aufsuchen. Dieser Besuch hinterließ in ihm einen so starken Eindruck, dass die Begebenheit ihren Niederschlag in *Ulysses* fand: Im Verlauf des Stücks begegnete man nun einer recht einfachen Familie, deren Mutter mit Lockenwicklern am Kopf ihren in Pyjamas gewandeten Sprösslingen und dem dahinsiechenden Gatten in Unterwäsche das Essen im großen Kochtopf auf den Küchentisch knallte. Aus Spalten in den Wänden dieses fahrbaren kleinen Bühnenwohnzimmers heraus platzten dann die „Tapetenfresser": Mit riesigen Waschmaschinen, Gefrierschränken und Ähnlichem zwängten sie sich durch die Wände in die Tristesse dieser Sozialfallfamilie, um sie mit den Symbolen des marktwirtschaftlichen Wohlstands zu überhäufen und schließlich darunter zu begraben. Der Name dieser Unwesen, die von in giftgelben Teppichflausch gewickelten Corps de Ballet-Herren dargestellt wurden, verdankte sich allerdings einem Übersetzungsfehler aus dem Holländischen, wo mit „Tapijte" nicht Tapeten, sondern Teppiche bezeichnet werden. Eigentlich hätten sie also „Teppichfresser" heißen müssen, als Anspielung, wie van Dantzig heute sagt, auf den Adolf der österreichischen Geschichte, der sich angeblich bei einem seiner Wutanfälle am Boden gewälzt und im Teppich verbissen haben soll.

BERÜHRENDE WIRKLICHKEIT Während einer Aufführung, in der wir in der Staatsoper wieder einmal *Ulysses* tanzten, gab es gegen Ende der Vorstellung einen totalen Stromausfall in ganz Wien. Er erreichte das Bühnengeschehen genau zu dem Zeitpunkt, als alle Mitwirkenden zum melancholischen Schlussbild auf die kleine Insel des Bühnenbildners Toer van Schayk kletterten, von der Ulysses anfangs in die Welt aufgebrochen war. Diese Insel war jetzt völlig verändert, die Natur zubetoniert, mit scheußlichen Straßenlampen versehen. Zu den traurigen Violin- und Trompetensoli von Haubenstock-Ramati verabschiedete sich Ulysses von seiner Jugend, die er, sterbend zu Boden gleitend, auf der Vorbühne zurückließ, um dann zu den Erstarrten auf seiner nunmehr überbevölkerten Insel zurückzukehren. An diesem Abend fiel nicht nur die Beleuchtung, sondern – da vom Tonband kommend – gleichzeitig auch die Musik aus. Wir ließen uns nicht beirren, tanzten ohne Musik in einem einzigen, wenig Helligkeit verbreitenden Licht-Kegel eines Scheinwerfers der Notbeleuchtung weiter. Als ich nun „tot" am Boden lag und der Vorhang fallen sollte, wie gewohnt sehr nahe an meiner linken Schulter, passierte auch das nicht mehr. Es dauerte noch eine ganze Weile, bis man einen Zwischenvorhang, der noch mit Handzug zu bedienen war, aktiviert hatte und zum Ende der Vorstellung herabließ. Bis dahin musste Nurejew – immer noch ohne Musik – weiter improvisieren, solange er auf offener Bühne eben zu sehen war, erst dann war das Stück zu Ende. Der neue Schluss, mit seinem Totalzusammenbruch bis hinein in die Realität, passte hervorragend zu van Dantzigs Interpretation, denn auch, als wir später auf die nächtlichen Straßen Wiens kamen, war da kein Licht: Es schien, als wäre die melancholisch-traurige, pessimistische Vision des Stücks zur uns alle betreffenden und berührenden Wirklichkeit geworden.

Bernd R. Bienert tanzte in den Nurejew-Inszenierungen
Schwanensee, Don Quixote, Dornröschen *und* Raymonda.

Mit Rudi van Dantzig am Klavier, Wien 1979

EDELTRAUD BREXNER:

Ich studierte mit Nurejew den zweiten Akt aus *Schwanensee*, ich war ja ursprünglich als Odette/Odile besetzt. Er hatte mich in Orlikowskys *Dornröschen* gesehen. Dann aber hatte ich eine Operation an der Achillessehne und fiel für die Premiere (1964) aus.
Als Nurejew in Wien war, leitete ich fallweise das Herren-Training. Er respektierte meine Anweisungen, er trainierte hart.
Als Tänzer war er schon toll, die Franzosen waren damals sehr „chichi".
Nurejew wollte nicht, dass die Beine geschmissen werden, er wollte sie auch nicht extrem hoch, sie mussten aber gehalten werden.
Die ehemalige Primaballerina Edeltraud Brexner tanzte in den Schwanensee-*Inszenierungen von Gordon Hamilton (2. Akt) und Dimitrije Parlić (Staatsopernballett bei den Bregenzer Festpielen).*

RICHARD NOWOTNY:

Nach dem Abschied der Probenleiter René Bon und Mattlyn Gavers habe ich den *Schwanensee* „übernommen". Bei Folgevorstellungen von Premieren kam Nurejew immer erst zwei, drei Tage vorher. Wenn er dann gesehen hat, dass etwas nicht geht, hat er gleich etwas Neues studiert. Nurejew hat seine Variationen sehr oft geändert, aber er bestand dann auf dem, was er vorgemacht hatte. Er brauchte bei Proben immer wieder einen Souffleur, wenn er nicht weiterwusste, andernfalls studierte er gleich etwas anderes ein.

Nurejew war der Ansicht, dass Talente sofort eingesetzt werden müssen, sonst würde nichts aus ihnen. Also, wenn man mit 17 engagiert wird, ist es Zeit, die großen Rollen zu bekommen. Das war dann auch bei Brigitte Stadler, Jolantha Seyfried und Roswitha Over so.

Ich betreute die meisten *Don Quixote*-Einstudierungen, wobei Nurejew die Inszenierung immer wieder änderte, ich glaube schon bei der australischen Einstudierung, obwohl das noch Barry Kays Ausstattung war, jene, die wir auch in Wien hatten. Danach war bei den internationalen Einstudierungen Nicholas Georgiadis für Bühnenbild und Kostüme verantwortlich. Nurejew änderte vor allem Don Quixotes Traumbild um Dulcinea. Ursprünglich gab es da wilde Masken bei der Windmühle, dann aber traten gleich die Zigeuner auf, sodass man sich besser auskannte.
Richard Nowotny betreute die choreographischen Einstudierungen von Nurejews Don Quixote *in: Australien 1970, Marseille 1971, Wien WA mit Änderungen 1977, Zürich 1979, Mailand 1980, Oslo 1981, Antwerpen 1981, Paris 1981, Verona 1981, Peking 1985, Tokio 1985, Johannesburg 1985. Er war außerdem für die Neueinstudierung des* Schwanensee *1996 an der Wiener Staatsoper verantwortlich. Beide Inszenierungen hat der ehemalige Probenleiter und Ballettmeister der Wiener Staatsoper schriftlich präzise festgehalten.*

Rudolf Nurejew und Ully Wührer in *Don Quixote*, Wien 1966

Rudolf Nurejew und Gisela Cech in *Dornröschen*, Wien 1980

ULLY WÜHRER:
Ully Wührer tanzte die Ballerinenrollen in Nurejews Schwanensee *und* Don Quixote *sowie in seiner Uraufführung* Tancredi. *Sie war außerdem die Terpsichore in der von Nurejew getanzten* Apollo*-Premiere (Balanchine) an der Wiener Staatsoper.*

GISELA CECH:
Nurejew hatte ein ganz ungewöhnliches organisatorisches Talent. Man hat ihn nie mit Bleistift gesehen, er hatte alles im Kopf. Das Verblüffende war, dass er auch Korrekturen für Variationen auf Spitze geben konnte. Ich hatte mit ihm immer ein gutes Verhältnis. Er war ein Phänomen. Wir waren alle begeistert von ihm. Das Ensemble hat ihn immer respektiert, auch wenn es nicht seiner Meinung war. Seine Liebe war der Tanz, das Choreographieren allein genügte ihm nicht.
Der Skandal um die angeblich dicken und faulen Tänzer vor der *Dornröschen*-Premiere 1980 beruhte auf einer falschen Interpretation seitens des Reporters. Auch ich war wütend gewesen, aber Nurejew erklärte mir den Irrtum. Und natürlich gab es ein paar dicke Tänzer. Rudolf sagte auf der Bühne zu mir: „Look at them!" und grinste. Ich musste auch lachen.
Er lachte immer mit den Augen.
Einmal war mein Arm in *Schwanensee* von der Schminke des Rotbart ganz verschmiert und ich wusste nicht, wie ich das während der Vorstellung los werden könnte. Da sagte Rudolf plötzlich: „Dos is Potzn!"
Er hat in seinen Choreographien oft Änderungen vorgenommen, aber immer zum Besseren. Als Tänzer musste er sich alles erarbeiten. Er hatte keinen idealen Körper und sagte oft, was er erst machen würde, wenn er die Beine von Michael (Birkmeyer, Anm. d. Hg.) hätte.
Gisela Cech tanzte in den Nurejew-Inszenierungen Schwanensee, Don Quixote, Dornröschen *und* Raymonda *die Ballerinenrollen und war darin, als auch in zahlreichen anderen Choreographien, Nurejews Wiener Partnerin.*

GABRIELE HASLINGER:
Ich erlebte Rudolf Nurejew erstmals bei der *Don Quixote*-Premiere 1966, da ich im Puppenspiel eingesetzt war, und zwar nicht als kleine Dulcinea, wie ich gehofft hatte, sondern als Gamache. Dann stieß ich wieder auf ihn bei der *Don Quixote*-Neueinstudierung 1977, als ich bereits die Solo-Brautjungfer tanzen durfte. Eines Tages hat es von der Direktion geheißen, dass ich in den kleinen Ballettsaal gehen soll, da wäre eine Überraschung für mich. Da war Nurejew und studierte mit mir den *Blumenfest in Genzano*-Pas de deux ein. Ich hatte keine Zeit nervös zu sein, er war der Lehrmeister, benahm sich aber ganz gleichgestellt. Wenn jemand gearbeitet hat, war er zufrieden. Er hat meine Bemühungen bemerkt. Er hat alles vorgezeigt. Er war ein toller Techniker, hatte weiche Pliés und ein wunderbares Abrollen. Im Ensemble gab es natürlich Stunk, da ich noch im Corps de ballet war und Nurejew sich über hierarchische Regeln hinweggesetzt hatte. Er hat klare Zeichen gegeben, was ihm gefällt und was nicht. Er hat mir Sicherheit gegeben. Bei der Vorstellung knurrte einmal mein Magen. Er sagte: „Too much tea, this morning?" Ich durfte ja nicht lachen.
Ich habe ihn bewundert. Er war sicherlich sehr brutal zu sich selbst, hatte am Ende einen ziemlich ausgemergelten Körper und bandagierte seine Beine. Ich glaube, dass Nurejew eher scheu war, introvertiert. Ein hochintelligenter, viel belesener Mensch. Von ihm gingen Wärme und Herzlichkeit aus, es war ein spezielles Charisma, das er hatte. Er hat von sich selbst das Allerbeste verlangt.
Gegen Ende seiner Karriere fragten wir uns allerdings schon: Rudi, warum machst Du das noch? Aber er konnte nicht anders.
Gabriele Haslinger tanzte verschiedene Rollen in den Nurejew-Inszenierungen Don Quixote, Schwanensee, Dornröschen *und mit Nurejew als Partner den Pas de deux aus* Blumenfest in Genzano.

NUREJEW LIEBTE DEN GLANZ, DEN ÜBERFLUSS, DAS SZENISCH SPEKTAKULÄRE. DIE BALLETT-KLASSIKER ERSCHIENEN IHM ALS EINZIGARTIGE TANZ-PALÄSTE, DIE ES NEU UND OHNE KNAUSEREI TÄNZERISCH AUSZUSTAFFIEREN GALT. MIT SCHRITTEN, DEKORATIONEN, FARBEN, MENSCHEN, HINGABE: BALLETTE ALS JUBELSCHREI ...

KLAUS GEITEL

In *Don Quixote*

BRIGITTE STADLER:

Rudolf Nurejew ist in meiner Erinnerung seit meinem Engagement allgegenwärtig gewesen. Egal was er gesagt hat: Er hatte immer recht. Für die 100. Vorstellung des *Schwanensee*, meinem Debüt als Odile, hat Birkmeyer mit mir geprobt. Nurejew kam ja immer erst knapp vor der Vorstellung nach Wien. Er hat nie viel geredet, aber das, was er gesagt hat, hatte Hand und Fuß. Vor dem Aufeinandertreffen in *Schwanensee* hatte ich große Angst, vor allem, weil ich mich ja bei ihm anhalten musste. Ich habe meinen Part so gelernt, dass ich ihn notfalls auch ohne Unterstützung eines Partners tanzen konnte. Als Nurejew das dann später erfuhr, musste er sehr lachen.

Als ich dann den kompletten *Schwanensee* tanzen sollte, fuhr ich nach Paris, um ihm zu zeigen, was ich vorbereitet hatte. Er sagte nur „Gut, ja!" Nurejew war eine große Respektsperson. Was ihn so menschlich machte, war etwa in einer Vorstellung von *Raymonda*, die ich mit ihm tanzte: Es ging ihm sehr schlecht und er konnte gerade noch den ersten Akt tanzen. Er sagte zu mir in der „Gasse", dass er jetzt etwas Anderes als gewohnt tanzen werde, ich solle ihm nur folgen. Und er hat mich dann quasi durchgetragen, sodass er nicht allzu viel machen musste. Für den zweiten und dritten Akt sprang Charles Jude von der Pariser Oper ein.

Unter der Direktion Elena Tschernischova saß er im Publikum als ich *La Fille mal gardée* tanzte, er dirigierte damals in Wien. Nachher kam er in meine Garderobe und erklärte mir ganz genau, wie ich mich besser für diese Rolle schminken könne. Ich habe mich darüber sehr gefreut …

Brigitte Stadler tanzte in den Nurejew-Inszenierungen Dornröschen, Schwanensee *und* Raymonda *die Hauptrollen, mehrmals an der Seite Nurejews.*

Probe für *Don Quixote*

WER SONST, WENN NICHT ICH?
Rudolf Nurejew – Partner, Freund, Kollege GERHARD BRUNNER

Weihnachten 1975. Spät, sehr spät war die Sache perfekt. Egon Seefehlner, als Direktor der Wiener Staatsoper designiert, hatte die Tollkühnheit, mir zur Spielzeit 1976/77 die Leitung des Balletts anzuvertrauen. Gewiss, eine fachliche Kompetenz war mir nicht abzusprechen, aber ich kannte das Theater eben nur aus der Perspektive des Zuschauers, und meine Leitungserfahrung beschränkte sich auf einen journalistischen Einmannbetrieb.

Für Seefehlner war ich sicherlich nicht die erste Wahl. Einer der großen Choreographen der Zeit sollte es sein, beispielsweise Kenneth MacMillan oder John Neumeier. Aber für Wien, wo er, nach eigener Aussage, seit 1964 „fast immer" einen Job gehabt hatte, musste auch ein Künstler prädestiniert erscheinen, dessen Name längst zu einem Synonym für das Ballett geworden war: Rudolf Nurejew. Nurejew als Ballettdirektor in Wien: Welch' verpasste Gelegenheit!

Aber als Notlösung verstand ich mich trotzdem nicht. Zu klar hatte ich vor Augen, dass sich, nach vielen Jahren der internationalen Bedeutungslosigkeit, die Chance eröffnete, für das Ballett so etwas

Rudolf Nurejew und Michail Baryschnikow

zu entwickeln wie eine spezifische Wiener Dramaturgie. Wobei der erklärte Straussianer Egon Seefehlner gleich noch eine Morgengabe besonderer Art parat hatte. In Balkenlettern meldete „Die Presse", dass als erste Ballettpremiere *Josephs Legende* auf dem Programm stehen würde, und dass für die Hauptrollen zwei der ganz, ganz Großen verpflichtet worden seien: Michail Baryschnikow als Joseph, Maria Callas als Potiphars Weib. Mit großen Photos, versteht sich.

Natürlich gab es weder Verträge noch Absprachen für das Projekt, vor allem gab es auch keinen Choreographen. Man freute sich daran, einen bunten Luftballon steigen zu lassen. Aber der Name Baryschnikow verdrängte zunächst das Thema Nurejew. Was mir gar nicht passte. Gerade ihm war in meinem Konzept eine zentrale Aufgabe zugedacht. Er sollte, ausgehend von seinem bereits legendären *Schwanensee* (1964) und dem nicht ganz so legendären *Don Quixote* (1967), verantwortlich sein für den Umgang mit den Klassikern.

Im Gespräch mit Staatsoperndirektor Egon Seefehlner, im Hintergrund Marcel Prawy, Wien 1977

Mit seinem Lehrer Alexander Puschkin (ganz rechts), Leningrad

Wien hat er geschätzt als Stadt der Kultur, als Metropole, wegen der Musik, nicht zuletzt wegen der slawischen Seele, die hier spürbar ist. Er hatte hier sein treuestes Publikum. Wien war ein Stück Heimat für ihn. *Alexander Ursuliak*

Als Fiaker-Kutscher, Wien 1977

Mit Gisela Cech bei einer *Don Quixote*-Probe, Wien 1977

Ihm sollte die Aufgabe zufallen, das klassische Ensemble stilistisch zu prägen.

Meine erste Saison war so dominiert von der *Josephs Legende*, dass daneben nicht genug Platz geblieben wäre für ein großes Comeback Nurejews. Aber gleich die folgende Saison sollte mit einem Doppelschlag beginnen. Wobei, ehrlich gesagt, auch meine Überlegung mitspielte, dass es ganz klug wäre, die beiden großen „Rivalen" Baryschnikow und Nurejew nicht ganz so direkt gegeneinander antreten zu lassen. Den Vortritt hatte der Jüngere. Nicht als Joseph, sondern als Apollo.

Wie Nurejew, so hatte auch Baryschnikow die Erwartung in den Westen gelockt, den großen Choreographen der Epoche zu begegnen, allen voran George Balanchine. Wie Nurejew, so hoffte auch er, an dieser Herausforderung weiter wachsen zu können. Wie für Nurejew, so ist auch für ihn diese Hoffnung unerfüllt geblieben. Balanchine weigerte sich, die beiden Nachfahren aus dem Marientheater an die Brust zu ziehen. Er hat beide mit einer eisigen, erschreckenden Kälte behandelt.

NUREJEW, BARYSCHNIKOW, RUSIMATOV Erst viele Jahre später, im Herbst 1987, habe ich herausgefunden, dass meine Vorsicht ganz unbegründet gewesen war. Baryschnikow und Nurejew, die vermeintlichen Widersacher, verband viel mehr, als ich dachte, und der Grund lag wohl in der engen Bindung an ihren großen Lehrer Alexander Puschkin. Nurejew, in Paris längst als „Directeur de la danse" etabliert, hatte die Spitzen des Kirow Balletts in seine Wohnung am Quaie Voltaire geladen, allen voran Faruch Rusimatov, Altynai Assylmuratowa und Oleg Winogradow. Es wurde heiß diskutiert, und die Themen hießen Stil, Linie, Musikalität, Petipa, *Le Corsaire*, St. Petersburg. Baryschnikow und Nurejew waren eines Sinnes, dass Rusimatov übertreibe. Dass der bravouröse, plakative Effekt die Mittel vielleicht in Moskau heilige, dass in Leningrad jedoch der tänzerische Weg das Ziel sei – und bleibe.

Es wurde eine lange Nacht. Als die Russen gingen, folgte ein sehr persönliches, auch sehr intimes Beisammensein. Mischa und Rudolf, frei von jeder Allüre, begegneten sich mit einer Herzlichkeit und Fröhlichkeit, dass man sie für Brüder hätte halten können. Was für mich so unvorstellbar gewesen war, wie wohl auch für Jane Herman, die Vierte im Bunde. Der Morgen graute, als mich Mischa bei meinem Hotel absetzte.

Bis dahin lag freilich ein weiter Weg vor mir. Die Annäherung des frisch gekürten Ballettdirektors an den großen Star war nicht frei von Belastungen, denn als Kritiker war ich ganz und gar kein Apologet Nurejews. Im Gegenteil. Ich war ihm mit Skepsis begegnet, hatte

Rudolf Nurejew und Gisela Cech in *Don Quixote*, 1977

mich seinem tänzerischen Ego gleichsam zu widersetzen versucht. Es schien, als überrenne er die Welt mit dem Furor und dem Charisma seiner Persönlichkeit. Niemand war mit ihm vergleichbar. Nurejew als Partner? Ich ahnte, was es bedeuten würde, von einem künstlerischen Anspruch gefordert zu werden, der stets auf das Äußerste, Höchste, Letzte zielte.

DER MANN AUS DEN SCHLAGZEILEN: EIN VORBILD Der neue Standort änderte meinen Blickwinkel. An mir lag es, möglichst gute Voraussetzungen zu schaffen, für die Arbeit des Tänzers wie auch des Choreographen Nurejew, und nicht nur für die seine. Ich denke, dass mir dieser Rollenwechsel rasch und gut geglückt ist. Aus der Nähe dieser Partnerschaft besehen, die bald auch zu einer Freundschaft geworden ist, war Rudolf Nurejew, der Mann aus den Schlagzeilen, ein Vorbild für jedes berufliche Leben. An seine Arbeit hingegeben mit einer Professionalität und Totalität, die alles, aber auch alles dem abendlichen Auftritt unterordnete, im gegebenen Wort verlässlich, in seiner Freundschaft loyal, ist Rudolf Nurejew für mich zu einem Lebensmenschen geworden.

Am Beginn stand eine Ernüchterung. Natürlich war ich mit dem Ehrgeiz angetreten, den ganzen Nurejew wiederzugewinnen, aber der Versuch, sein frühes Henze-Ballett *Tancredi* zu rekonstruieren, scheiterte, weil sich keinerlei Aufzeichnungen mehr fanden. Nach zehn Jahren war das Stück bereits unwiederbringlich verloren. Um so entschiedener gingen wir an die beiden Wiederaufnahmen. *Schwanensee*, zumindest grundsätzlich verfügbar, war problemlos. Allerdings lag mir, wie Nurejew selbst, viel daran, den Schwarzen Schwan-Pas de deux in seiner eigenen Fassung wiederherzustellen.

Problematischer war dagegen die Wiederherstellung des *Don Quixote*. Der eine Grund war bühnentechnischer Natur, und er war gravierend genug, die Fassung von 1966 so gut wie unspielbar zu machen. In Erinnerung an die Gegebenheiten im heimatlichen Marientheater hatte Nurejew nämlich darauf bestanden, von Barry Kay eine schräge Bühne bauen zu lassen, deren Auf- und Abbau jeden Operndirektor vor die Entscheidung stellte, an den Aufführungstagen auf Bühnenproben zu verzichten – oder eben auf *Don Quixote*. Eine Entscheidung, die keinem der Direktoren allzu schwer gefallen zu sein scheint.

Der mäßige Erfolg der Wiener Erstfassung war aber auch darin begründet, dass Nurejew den Beginn des *Don Quixote* mit Pantomimen überfrachtet hatte. Ich sprach ihn ganz unverblümt darauf an. Er stimmte zu. Wir veränderten die Dramaturgie, wir stellten die Bühnenbilder auf die flache Bühne, und siehe da, die Überarbeitung tat Wirkung. Die zweite Auflage des *Don Quixote* fand Beifall, und sie wurde für viele Tänzer, unter ihnen Wassiljew, Panov und Bujones, zu einem brauchbaren Vehikel.

Triumphal ging bald darauf, von Rudolf Nurejew und Cynthia Gregory denkwürdig getanzt, der neu einstudierte *Schwanensee* in Szene. Aber der Applaus war kaum verklungen, als Nurejew mit der Frage zu mir kam, was er denn mit der – in seinen Augen reichlichen – Wartezeit zwischen den Reprisen anfangen solle. Ob es nicht möglich wäre, rasch eine kleine Tournee zu organisieren? Ich tat, was ich konnte. Wir gastierten in Klagenfurt, Innsbruck, Linz und Graz,

Mit Gerhard Brunner im großen Ballettsaal, Wien 1977

Nurejew in *Dornröschen*, 3. Akt

Schwanensee 1983, 100. Vorstellung: Solo, 1. Akt

bejubelt für einige schöne Abende, von denen mir einer unvergesslich bleibt. Begeistert vom Erfolg des Abends, wohl auch von den nie zuvor erreichten Kasseneinnahmen, wurde Kärntens Landeshauptmann Wagner beim anschließenden Diner nicht müde, die Aufführung als einen Beginn zu würdigen, dem viele weitere Gastspiele folgen müssten. Die Pointe? Nie wieder sind wir, Nurejew hin, Nurejew her, nach Klagenfurt eingeladen worden.

BEWÄHRUNGSPROBE DORNRÖSCHEN   So ermutigend diese ersten Schritte auch waren, eine entscheidende Bewährungsprobe stand erst bevor. *Dornröschen*, die klassische Herausforderung schlechthin, sollte Nurejews dritte abendfüllende Produktion werden. Wobei Nurejew von Anfang an klar machte, dass *Dornröschen* das Ballett der Wiener Staatsoper an seine Grenzen führen werde. Wie kein anderes Ballett ist es ein Widerschein jener St. Petersburger Traditionen, die Nurejew in alle Welt zu tragen suchte, der Lordsiegelbewahrer eines Stils und einer Ästhetik.

Die Weichen waren gestellt, die Proben längst im Gange. Drei Wochen lang hatten Nurejews Helfer, zwei kanadische Ballettmeister, die Ensembles und Variationen bereits gestellt und gepaukt, als mich ein Ruf des Direktors erreichte. Leider, so die knappe Botschaft, müsse *Dornröschen* fallen, weil das Geld fehle. In der Tat, im Budget der Wiener Staatsoper, damals ein einziges, handgeschriebenes Blatt Papier, waren gerade 700.000 Schilling veranschlagt für das teuerste aller Ballette, und das in einer wahrhaft üppigen Ausstattung von Nicholas Georgiadis.

Was tun? Wir verschoben *Dornröschen* und baten Alicia Alonso, in der Ausstattung von 1955 eine wirklich abendfüllende *Giselle* zu inszenieren. Sie tat das souverän. *Dornröschen* kam anderthalb Jahre später zur Premiere. Zu früh in der Saison, weil eine Operntournee dem Ballett diesen Termin gleichsam aufgezwungen hatte. Die Stimmung war unerträglich. Nurejew, ungeduldig, fordernd, zynisch, ließ keine Gelegenheit aus, die Tänzer und deren Betriebsräte mit beißender Kritik zu züchtigen. Freundlichkeit war seine Sache nicht.

Überreichung der Staatsbürgerschaftsurkunde durch Bürgermeister Leopold Gratz in Anwesenheit von Kulturstadtrat Helmut Zilk, 25. Jänner 1982

Als Vermittler hatte ich reichlich zu tun. Immerhin, ich brachte Nurejew dazu, eine halbblaute Entschuldigung zu murmeln, so dass der Vorhang aufgehen konnte. Die Premiere glückte, aber gleich folgte die kalte Dusche einer journalistischen Polemik. Wie es denn zu verantworten wäre, stand im „profil", dass ein einziges Ballett so viele Millionen koste? Was diese Vervielfachung der ursprünglich kalkulierten Summe denn rechtfertige? *Dornröschen*, replizierte ich, sei kein Wegwerfprodukt. Erst nach hundert Vorstellungen, schrieb ich mit Herzklopfen, werde man sagen können, ob der Aufwand gerechtfertigt gewesen ist. Womit ich Recht behalten habe. Gut siebzigmal war *Dornröschen* angesetzt, ehe es von der nachfolgenden Direktion verkauft wurde. Heute, mehr als zwanzig Jahre später, gehören Stück und Ausstattung zum eisernen Repertoire der Staatsoper in Berlin, wo sich ein neuer Ballettdirektor, Vladimir Malakhov, gerade anschickt, in die Fußstapfen Rudolf Nurejews zu treten.

Nun, es wäre die halbe Wahrheit, wenn ich nur vom Choreographen und Ballettmeister Nurejew erzählte, der so viele Wiener Tänzerinnen und Tänzer zu ihrem Besten führte. Das Publikum feierte ihn als Tänzer so ausgiebig und so unbeirrbar, dass ich mich ermutigt fühlte, ihn wieder und wieder in neuen Rollen anzusetzen. Einige davon, Béjarts *Lieder eines fahrenden Gesellen* oder Tetleys *Pierrot lunaire*, aber auch drei der van Manen-Ballette, gehörten bald zu seinem bevorzugten Repertoire. Nurejew, jeder Zoll ein Klassizist, faszinierte auch als Interpret der Moderne. Wer sonst hätte es, von Rudi van Dantzig geführt, zuwege gebracht, eine so experimentelle Partitur wie Roman Haubenstock-Ramatis *Ulysses* zu vermitteln? Niemals ist in der Wiener Staatsoper Kühneres zu hören gewesen.

DIE BALLETTACHSE PARIS-WIEN In den frühen achtziger Jahren war Rudolf nicht nur Partner und Freund, sondern auch mein „Kollege" geworden. Zunächst heftig kritisiert, entpuppte er sich als jener Direktor, der Paris, nach Jahrzehnten der Stagnation, den alten Rang zurückeroberte. Ich nützte die Gunst der Stunde und die Enge unserer Beziehung. Ganz selbstverständlich entstand eine neue Ballettachse Paris-Wien. Mit dem Resultat, dass sich nicht nur die großen Etoiles, sondern bald auch die jungen Begabungen in Wien ein wenig zu Hause fühlen konnten.

Schwanensee 1983, 100. Vorstellung: Mit Brigitte Stadler als Odile, 3.Akt

Der Höhepunkt dieser französisch-österreichischen Beziehung war zweifellos *Raymonda*, eines der großen und schwierigen Ballette der Spätklassik. Für mich war es, nach *Dornröschen*, ein weiterer Eckpfeiler einer Wiener Dramaturgie, und der anhaltende Erfolg hat meine Wahl bestätigt. Auch deshalb, weil wir bei *Raymonda* ernten konnten, was bei *Dornröschen* gesät worden war. Ich bekenne, das Stück, trotz einiger Einwände, zu meinen Favoriten zu zählen. Zwei wunderschönen Akten, an denen so gut wie alles Maß ist und Form und Schönheit, geht ein Eröffnungsakt voran, der endlos wuchert. Er ist erzählerisch umständlich und choreographisch dünn. Auch Rudolf sah das so, aber die Zwänge des Opernalltags haben unser Vorhaben vereitelt, eine gute Viertelstunde zu streichen.

Mit Brigitte Stadler in *Raymonda*, Wien 1985

Wie man dirigiert: Nurejew im Gespräch
mit Lorin Maazel

Solo *Dornröschen*, 2. Akt

Einer *Raymonda* danke ich eine der Sternstunden meiner Direktionsjahre. Um theaterpolitisch ganz „gerecht" zu sein, hatten wir uns zu einer Doppelpremiere entschlossen. Brigitte Stadler, umworben von Nurejew (Jean de Brienne) und Jean Guizerix (Abderachman), sollte flankiert sein von vier jungen, namenlosen Begabungen aus Paris, Rudolfs ersten Entdeckungen. Der Abend wuchs aus zum Triumph. Zu gerne wüsste ich ihn dokumentiert für eine Nachwelt, die das Quartett der „Namenlosen" seither zu den Großen der Epoche zählt: Isabelle Guerin, Sylvie Guillem, Laurent Hilaire, Manuel Legris.
Zweimal verdankten wir es Nurejew, dass sich das Ballett der Wiener Staatsoper international präsentieren durfte.

Ein Gastspiel führte ins antike Herodes Atticus-Theater nach Athen, eine große Tournee nach Korea und Japan: Bestätigungen dafür, dass die Kontinuität seiner Arbeit Früchte getragen hat. Rudolf fühlte sich wohl in Wien. Mit der Konsequenz, dass er, bis dahin als Flüchtling staatenlos, sich mit diesem Land auch identifizieren wollte. 1982 ist er zum Staatsbürger Österreichs geworden.

Freundschaft mit Rudolf: Ich bin froh, dass wir auch die schwersten Schritte in unserer Beziehung gemeistert haben, die Schritte des Abschiednehmens. Als ich die Direktion übernahm, war Rudolf Nurejew, 38, gerade noch im Zenit seines tänzerischen Könnens, aber es war unverkennbar, dass sein Leben auch sehr viel Kraft gekostet hatte. Wozu kam, dass ich ahnte, wenn auch nicht wusste, wie es um seine Krankheit stand. Meine Aufgabe war es, ihn allmählich wegzuführen von jenen Rollen, die geprägt sind von Jugendlichkeit und Virtuosität, ihn zugleich aber auch hinzuführen zu neuen Aufgaben, in die er seine ganze Skala an Gestaltungsmöglichkeiten einbringen konnte.

VERGLEICHBAR MIT MARIA CALLAS

In den achtziger Jahren ist der Chor seiner Kritiker weltweit immer lauter geworden, aber niemand, wirklich niemand wusste etwas auszusetzen, als Rudolf im März 1988 seinen letzten Wiener Siegfried tanzte. Noch als Fünfzigjähriger hatte er eine Kraft der tänzerischen und darstellerischen Projektion,

Probe für *Lieder eines fahrenden Gesellen*, Wien 1977

die in der neueren Ballettgeschichte, Wazlaw Nijinski einmal ausgenommen, ohne Beispiel ist. Einmal, es war in Salzburg, sagte ich zu ihm, er leiste für das Ballett, was Maria Callas für die Oper getan habe. Seine – ausnahmsweise deutsche – Antwort war stolz und knapp: „Ich danke".
In einigen der Gespräche, die wir über sechzehn Jahre hinweg geführt haben, hat mir Nurejew von seiner Jugend in Ufa erzählt, von den Lebensumständen in einem Zimmer, das die ganze Familie sich teilte, von einem Bett, in dem er die Füße nicht ausstrecken konnte, von der Volkstanzgruppe und von seiner Lehrerin Udelzowa. Ob er niemals gezweifelt habe, dass es ihm gelingen werde, aus der Enge dieser tatarischen Heimat hinauszukommen? Nein, sagte er, er habe nie gezweifelt. Er habe sich umgeschaut und festgestellt: „Wer sonst, wenn nicht ich?"
Am Allerheiligentag 1992, kurz nach dem Triumph von *La Bayadère*, habe ich ihn zum letzten Mal am Quaie Voltaire besucht. Mir war klar, dass es zu Ende ging mit ihm, und genauso klar mag es für ihn selbst gewesen sein. Es war ein langes, schönes Gespräch, ganz hell und ganz präzise. Wir haben auch Pläne geschmiedet, vor allem für den angehenden Dirigenten, den ich für den *Nussknacker* nach Graz verpflichtet hatte. Wir haben über das neue Stück geredet, das ich für ihn choreographieren lassen wollte, Peter Maxwell Davies' *Vesalii Icones*. Über allem lag jedoch die unausgesprochene Gewissheit, dass dieses Leben, dass dieser Lebenskreis ausgeschritten war.
Zwei Monate später hörte ich die Todesnachricht. Einer der Großen des Jahrhunderts, Nurejew, war nicht mehr, und darüber hinaus ein Mensch, Rudolf, den ich Freund habe nennen dürfen.

Raymonda-Probe, Wien 1985

DIE EINSAMKEIT DES LANGSTRECKENTÄNZERS Ein Porträt

KLAUS GEITEL

Man hat ihn bewundert. Man hat ihn verachtet. Man hat ihn lächerlich und gar verächtlich gemacht. Man hat sich nicht satt sehen können an seiner Kunst wie an ihm. Er war von Anfang ein Künstler von jenem Kaliber, aus dem die Legenden geschnitzt sind.
Rudolf Nurejew trieb seine Kunst vor bis an den Rand der Selbstvernichtung. Er riss sie damit aber auch aus dem Gähnbereich des gleichbleibend Immerschönen. Er injizierte dem zur Anämie tendierenden Ballett eine kräftige Spritze seines eigenen Blutes. Ihn interessierte nicht Perfektion. Er war fasziniert davon, Risiken einzugehen. Bei ihm tanzte das Ballett keinen Augenblick lang auf Nummer Sicher. Nurejew war die fleischgewordene Herausforderung an das Unbrave, und es war das Glück für ihn, ausgerechnet in jenem Moment in sein neues Leben hineinzuflüchten, als in London alle Dämme brachen und die Stadt sich ins „Swinging London" zu verwandeln begann, Europas Abenteuerstadt der jungen Generation. Das Neue, Herausfordernde, Unerwartete brach von allen Seiten über die bislang so ehrwürdige City herein und begann, sie aus Leibeskräften umzuwandeln. Nurejew hielt dabei kräftig mit. Sein künstlerischer Ankerplatz wurde prompt zunächst London.

ANKERPLATZ LONDON: FONTEYN UND GORLINSKY

Hilfe dabei kam ihm von zwei sehr gegensätzlichen Seiten: durch Margot Fonteyn und Sander Gorlinsky. Fonteyns in dieser Beziehung überragende menschliche Leistung ist bekannt. Sie schenkte dem jungen Wilden aus Russland ihr uneingeschränktes Vertrauen. Sie ließ sich ohne Furcht vom geradezu explodierenden Ausdrucksdrang

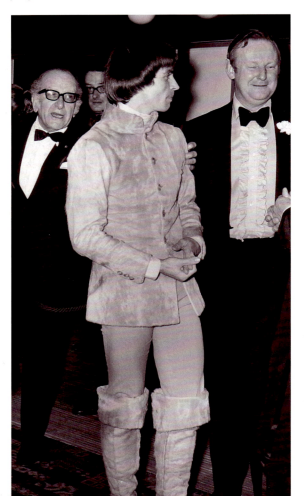

ihres frischen Partners in die Mangel nehmen und umkrempeln, ohne sich dabei preiszugeben. Sie blieb immer sie selbst, doch auf einem neuen, atemberaubend hohen Niveau.
Merkwürdig, dass kein Choreograph je darauf kam, für dieses einzigartige Paar des Welt-Balletts *The Beauty And The Beast* zu choreographieren. Die Rolle Gorlinskys, des englischen Impresarios russischer Herkunft, ist im Leben Nurejews bislang nicht so deutlich gezeichnet. Als Sohn von Revolutionsflüchtlingen zunächst in Berlin zur Schule geschickt, setzten sich die jüdischen Gorlinskys bei der Heraufkunft der Nazis eilends nach Frankreich ab. Die nächsten Jahre verbrachte Sander in Paris, bis die Familie, wieder rechtzeitig, den Absprung nach England fand. Gorlinsky zog in den Krieg, den er prompt gewann.
Heimgekehrt nach London wusste der junge Mann nichts Rechtes mit sich anzufangen. Er schrieb deshalb einen Brief an Benjamino Gigli, den Pavarotti von einst, und lud ihn, ohne außer dem Porto auch nur einen einzigen Penny in der Tasche zu haben, zu einem ersten Nachkriegs-Gastspiel nach England ein. Gigli zögerte. Er fühlte sich wegen seiner nicht unerheblichen Kollaboration mit den Nazis während des Krieges beim Alleinsang in der Fremde unsicher und gefährdet ... Er würde nur im Rahmen eines Gesamtgastspiels, etwa des neapolitanischen Teatro San Carlo, in London auftreten. Gorlinsky, der arme, einsame Schlucker, engagierte daraufhin umgehend die ganze Truppe. Das Sensationsgastspiel an der Themse machte ihn reich. Mehr noch: es machte ihm einen Namen.

Nurejew bei der Präsentation seines Films *I am a Dancer* in London 1972, links hinter ihm sein Manager Sander Gorlinsky
Rechte Seite: Fotomodell Nurejew

Fotomodell Nurejew

GOBBI, CHEVALIER, CALLAS, NUREJEW   Tito Gobbi, der gefeierte Bariton, machte Gorlinsky, mit ungeheurem Erfolg für beide, sofort auf Dauer zu seinem Sachwalter. Als Nächsten nahm Gorlinsky den gleichfalls leicht verfemten Maurice Chevalier unter seine fördernden Fittiche, ließ ihn als Chansonnier nicht etwa im existentialistisch verseuchten Nachkriegs-Paris debütieren, sondern im friedlichen, erinnerungsseligen Stockholm. Damit war Chevaliers künftiger, anfeindungsfreier Weg nach Hollywood von Gorlinsky vorab aufgerissen ... Als Nächste nahm Gorlinsky sich der einzigartigen Maria Callas an und begleitete ihre Karriere auf ihren Triumphzügen in den frühen Tod und entsetzlicherweise war dies auch bei Nurejew der Fall. Gorlinsky betreute den jungen Ex-Landsmann von Anfang. Er ebnete ihm die Tanzbahn. Er stand ihm mit Rat und Tat treulich zu Diensten, ohne sich in die choreographisch dahinstrudelnde Ästhetik der Kunst seines Klienten je einzumischen. Er verwies Nurejew nicht auf Paris, New York, London oder Berlin, die Ballett-Zentren, sondern einzig auf das Steuerparadies Luxemburg als Zwischenlager des schnell anwachsenden Vermögens. Mit Fafner-Augen wachte Gorlinsky darüber. Er, der anhaltend erprobte, beinahe schon professionelle Flüchtling, war ein Meister der Vorsorge und der Sparsamkeit. Die lehrte er seinen Klienten. Nurejew erfuhr das tänzerisch durchaus Einleuchtende: Die höchsten Sprünge macht man mit leeren Taschen. Das Ende seines Lebens sah Nurejew als reichen Mann. Maurice Béjart verschlug es geradezu den Atem, als die Auktionsergebnisse des Nachlasses von Nurejew in Dollarmillionenhöhe bekannt wurden. Er selbst, klagte Béjart, habe es in der gleichen Zeit einzig zu Bett, Tisch und Stuhl gebracht.

UNAUFHÖRLICHE SELBSTAUSBEUTUNG   Nurejew hat sich bis auf den Grund von Körper und Seele über die Jahrzehnte hin unaufhörlich selbst ausgebeutet. Er hat sich keinen Moment lang geschont. Nichts ist ihm geschenkt worden. Jedes Lorbeerblättchen des Ruhms hat er unter unglaublichen Anstrengungen gepflückt, keins ist ihm in den Schoß gefallen. Er hat dabei immer wieder sein Publikum voller Begeisterung jauchzen gemacht. Es lag Geheimnis um ihn und Verlockung, ein seltsamer Magnetismus, der sofort unwiderstehlich

alles Augenmerk auf sich zog, sobald Nurejew auch nur die Bühne betrat. Man musste ihm seinen Auftritt nicht nachdrücklich choreographieren. Er war durch seine eigene, ihm eingeborene Strahlkraft von vornherein unübersehbar. Dass er überdies gnädigerweise dazu auch noch tanzte, glich bereits einer hochwillkommenen Zugabe. Dabei durcheilte sein Tanz alle Stadien wechselnder Qualität zwischen geradezu heroisch blitzender Herrlichkeit und gleichgültig lassendem Mittelmaß. Doch zum Guten wie zum Schlechten war und blieb es unverwechselbar Nurejews Tanz, den sich verlässlich in seinem alten Glanz abzuringen ihm freilich von Jahr zu Jahr schwerer fiel. Das erntete ihm Enttäuschung, unfeine Vorhaltungen, Kritikgekreisch. Aber jedermanns Sache war seine explosive, einzelgängerische Tanzkunst schließlich selbst auf ihrem Höhepunkt niemals gewesen. Lincoln Kirstein, Mitbegründer des New York City Ballet, der es eigentlich besser hätte wissen müssen, hat Nurejew sogar schlankweg einen „vulgären Akrobaten" genannt.

MIT DER HERZENSKRAFT DES PLEBEJERTUMS
Er war tatsächlich schwer anpassungsfähig, aber auch von vornherein durchaus abgeneigt, es zu sein. Sein Leben ging nun einmal seine eigenen, schwer durchschaubaren Wege und die konnten zu Freundschaften wie zu Feindschaften führen. Offenkundig hatte Nurejew eine unüberwindbare Aversion gegen ihm immer wieder auf den Leib rückende Wichtigtuerei: ein Besserwissen, eine Dreinsprache, eine Überheblichkeit, die glaubte, mit ihm wie von gleich zu gleich

Nurejew und Yoko Morishita: Letzter *Schwanensee* des Stars in Wien 1988
Rechte Seite: Wiener Debüt als Albrecht mit Yvette Chauviré als Giselle 1966

umspringen zu können. Die böseste Nachrede kam ihm denn auch prompt von jenen, vor deren Neugiersnase er sich und sein Wesen nachdrücklich verschloss. Er konnte in solchen Augenblicken durchaus handgreiflich werden. Auch wenn er plakative Renitenz spürte, wie sie ihm einmal demonstrativ von Seiten Michel Renaults entgegenschlug, des Ex-Stars der Pariser Oper. Nurejew schlug schlankweg handfest zurück. Das feine Benehmen des Salons war ihm nun einmal nicht eingeboren. Er war und blieb ein Plebejer, mit der vollen Herzenskraft des Plebejertums, der Lust an der körperlichen Attacke, die er auf der Bühne wie kein anderer auszuleben und gleichzeitig zu sublimieren verstand.

Er war ein Showman des Tanzes von schier einzigartigem Kaliber und er schlug ein wie eine Bombe mit seiner Kunst. Er war in schönstem Sinne ruchlos, ein Ausbeuter seiner Rollen. Er hängte seine Kunst geradezu an die große Glocke, wie allein schon seine Rolle als Fürst Myschkin, Dostojewskis und Valery Panovs *Idiot*, es ihm abverlangte: ein Klöppel aus höchst attraktivem, annähernd nacktem Menschenfleisch, hin und her schwingend haushoch über der Bühne der Metropolitan in New York. Das Publikum hielt den Atem an, vor dem ihm sich geradezu ins Gedächtnis brennenden wahnsinnigen Bild. Aber wenn Nurejew tanzte – und darin bestand seine Einzigartigkeit – war der Wahnsinn, die gezielte oder spontane künstlerische Grenzüberschreitung immerfort nah. Nie hat Nurejew gelernt, mit sich zu knausern. Er glich stets einer Kerze, die sich an beiden Enden zugleich zu entzünden verstand.

Star und Fans beim Bühnentürl

Natürlich hatte man bis dahin auf Grund seiner vielfältigen Gaben, seiner zahllosen Talente immerfort hoffen dürfen, Nurejew würde sich bald choreographisch brillante Rollen auf den eigenen, unruhigen Leib schneidern. Doch das war nicht der Fall. Er blieb in dieser Beziehung erstaunlich sprachlos, schöpferisch willentlich oder unwillentlich verschlossen in eigener Sache. Er fand choreographisch nicht zu sich selbst. Aber auch nicht zu den andern.

Dafür hing er mit Nachdruck an der Musik. Hans Werner Henze räumte ein, kein Choreograph (von Frederick Ashton und *Undine* einmal abgesehen) habe sich je als Choreograph derart verständnis- und demutsvoll gegenüber seiner Musik gezeigt wie Rudolf Nurejew, wenn es seiner Choreographie am Ende dann doch bedauerlicherweise an Prägnanz, an tänzerischer Eigensprachlichkeit gebrach.

HOCHHERRSCHAFTLICHES BALLETT-ZELEBRIEREN   Nurejew erwies sich zeitlebens nicht als ernst zu nehmender, wegweisender Choreograph. Er wurde es nie. Doch brachte er es immerhin zum Rang eines bravourösen Ballett-Restaurators, dem es gegeben war, sich mit schöpferischer Verve in die Tanzwelt von gestern hineinzufinden, die Meisterwerke der Klassik, und ihnen fern aller Fadheit des choreographisch Wiedergekäuten tänzerisch frische Körperlichkeit einzuverleiben ...

Nurejew liebte den Glanz, den Überfluss, das szenisch Spektakuläre. Die Ballett-Klassiker erschienen ihm als einzigartige Tanz-Paläste, die es neu und ohne Knauserei tänzerisch auszustaffieren galt. Mit Schritten, Dekorationen, Farben, Menschen, Hingabe: Ballette als Jubelschrei, als Lebensbotschaften, als Menschentraum. Nurejew verstand sich auf das hochherrschaftliche Ballett-Zelebrieren. Er griff in den vollen Topf aller erdenkbarer Herrlichkeiten. In ihnen lebte er sich künstlerisch aus. Seine Aufführungen besaßen Furor und Glanz. Sie hielten sich fern aller Konservenschönheit, schwelgten dahin in Talent, verstanden zu befeuern. Nurejew machte aus Leibeskräften – in demokratischen Zeiten – nicht einzig königliches, sondern waschechtes imperiales Ballett.

Hatte das viktorianische Jahrhundert noch glauben können (und es sich prompt stramm eingebildet), Gott sei zweifellos Engländer von Geblüt, so wies Nurejew anhand der

Happy-Birthday-Fahnen der Wiener Fans

Schwanensee, 3. Akt, Wien 1988

musikalischen Tschaikowski- und Minkus-Ballettbibeln nach, dass nach wie vor die Zaren Russlands die Ballettwelt regierten, und er machte ihre unangefochtene Regentschaft überschwänglich sichtbar. Der weltläufige, neugierige, vielerfahrene Nurejew blieb bis ans Ende auf unerschütterlich exemplarische Art Russe.

Das zeichnete auch sein turbulentes Menschentum aus, das Auf und Ab seiner Stimmungen, die Unerschütterlichkeit seines Abscheus wie die seiner Freundschaft und Herzlichkeit. Er war heiter. Er war geduldig. Er war klaglos. Aber er verstand auch, sich auf schier explosive Art lauthals zu ärgern. Er verweigerte strikt die Benutzung jedweder Dienstboteneingänge. Er war wie selbstverständlich stets der Benutzer der ganz Hohen Pforte. Man drängte sich um ihn. Man redete ihm gern nach dem Mund. Man versuchte, ihn nach Kräften für alle erdenklichen, ihm herzlich gleichgültigen Pläne zu instrumentalisieren. Dabei war er umgänglich und gutwillig. Geduldig sah er sich stundenlang Videos seiner jungen Choreographenkollegen an, die sich von ihm ein Engagement an die Pariser Oper erhofften. Er seufzte, durchaus aufmerksam und ungelangweilt: „Die Posen seh' ich schon, doch wo bleiben die Schritte?" Man konnte ihm kein X für ein noch so spektakuläres U vormachen. Er verstand sein Metier. Es hieß nun einmal Nurejew, und dabei sollte es bleiben.

nachts um zwei Einmal stand er nachts um zwei vor meiner Tür. Wir hatten uns nach seiner Vorstellung in einem Restaurant verabredet. Ich wusste, ich würde wieder einmal zahlen müssen, denn Nurejew war ein Todfeind eigener Portemonnaies: Er verstand sich aus dem Effeff auf den bargeldlosen Zahlungsverkehr zu Lasten der anderen. Dann aber erreichte mich im Restaurant ein Anruf der Oper, Nurejew habe sich verletzt und sei ins Krankenhaus gebracht worden, um versorgt zu werden. Er ließe sich aber auf jeden Fall, wann auch immer, noch bei mir blicken. Da stand er nun also in tiefer Nacht auf meiner Schwelle, ein Bein bis zur Hüfte in Gips. Ich jammerte vorsorglich los. Nurejew aber rief mich umgehend nachdrücklich zur Ordnung. „Schluss damit", befahl er, „Tänzer haben immer etwas mit den Beinen!" Er ließ sich im Sessel nieder, legte das geschundene Bein hoch auf einen anderen Stuhl. Er plauderte. Es war, als sei nichts geschehen. Dabei geschah doch immer etwas. Ein anderes Mal hatten Gert Reinholm, Berlins langjähriger Ballettdirektor, und ich Nurejew nach einer Vorstellung ins Hotel begleitet. Die Unterhaltung wollte partout nicht enden. Sie schleppte sich per Fahrstuhl bis in den vierten Stock und in das angemietete Gästezimmer. Da standen wir nun also an Nurejews Bett und schauten gewissermaßen hinein. Wo auch hätten wir sonst hinblicken sollen? Ich war etwas geniert. Nurejew begann ganz unbefangen, sich vor unseren erstaunten Augen auszuziehen. Doch dann zog er sich nicht etwa, wie ich törichterweise vermutet hatte, seinen Pyjama an, sondern stieg in eine Lederhose und die dazu gehörige Lederjacke. Er zog sich, immerfort mit uns plaudernd, bloß vor uns um. Mitternacht war vorbei. Das Leben konnte endlich beginnen. Wir traten hinaus auf den nächtlich-winterlichen, vollkommen menschenleeren Kurfürstendamm. Wir nahmen Anschied. Nurejew trollte sich. Ich sah ihm nach, bis sich seine einsame Gestalt in der kalten Ferne verlor.

WIEN UND DAS KÜNSTLERISCHE ERBE DES STARS

JARMILA WEISSENBÖCK

Schwanensee-Neuinszenierung 1996: Brigitte Stadler und Vladimir Malakhov in Nurejews Choreographie

Als die Ballettwelt im Jänner 1993 die Nachricht vom Tode Rudolf Nurejews erreichte, waren alle seine Produktionen für Wien aus dem Repertoire der Staatsoper bereits verschwunden. Die Wiener Staatsoper, deren Ehrenmitglied der Österreichische Staatsbürger Rudolf Nurejew war, widmete, unter der Ballettdirektion Elena Tschernischova, dem Tänzerstar zwei Galaabende mit Ausschnitten aus seinen Choreographien zu *Schwanensee*, *Dornröschen* und *Raymonda*.[1] Dem Abendprogramm lag ein Nachruf der Mitglieder des Wiener Staatsopernballetts bei. Auch gedachte man seiner, gemeinsam mit dem Österreichischen Theatermuseum, mit einer Ausstellung im Gobelinsaal. Allerdings sah es tatsächlich so aus, als würde es nur bei einem tiefempfundenen „Danke" der Wiener Kompanie bleiben. Waren doch 1990 sämtliche Verträge mit der Wiener Staatsoper für Nurejew Produktionen abgelaufen und nicht mehr verlängert worden.[2] Tschernischova, die auf Dr. Brunner folgte, wollte selbst ihr klassisches Repertoire choreographieren. Auch ihre Nachfolgerin Anne Woolliams war nicht interessiert. Also wurden die Ausstattungen zu seinen Produktionen zum Skartieren freigegeben. Nur einige Kostüme, vor allem jene Nurejews zu *Schwanensee* und *Don Quixote*, fanden im Österreichischen Theatermuseum eine Heimstatt. Die *Dornröschen*-Dekorationen konnten noch 1991 nach Berlin verkauft werden.[3] Die Kostüme dazu wurden im Zuge einer Fundusreduktion verschenkt.[4] Die Ausstattung zu *Raymonda* ging leihweise[5] für einige Zeit ebenfalls nach Berlin, ehe sie, zur Wiederaufnahme ins Repertoire, 1997 durch Ballettdirektor Renato Zanella zurückgestellt wurde.[6] Ein Jahr zuvor, am 23. November 1996, kam es zu der vielbejubelten Neueinstudierung von Nurejews *Schwanensee*. In einer neuen, klaren Ausstattung von Jordi Roig hatte diese Richard Nowotny besorgt. Spät, – wissen doch wir um eine Anfrage bezüglich einer möglichen Wiederaufnahme schon aus dem Jahr 1992.[7]

Zehn Jahre nach dem Tod Rudolf Nurejews ist fast alles nur mehr Geschichte, Erinnerung: Nurejews Engagement unter Aurel von Milloss für den internationalen Sensationserfolg *Schwanensee* 1964, seine Auftritte auch in Rollen des modernen Repertoires – unterstützt von der Ballettdirektion Gerhard Brunner –, 24 Jahre tänzerischer Präsenz in 22 Rollen, von seinem ersten bis zu seinem letzten Auftreten in *Schwanensee* 1988. Seine Förderung junger Talente in der Wiener Kompanie, die Zusammenarbeit mit den Tänzern, beim Aufbau eines klassischen Repertoires, mit *Schwanensee*, *Don Quixote*, *Dornröschen* und *Raymonda*. Trotz aller fallweise aufgetretenen Unstimmigkeiten hatte er das Bild des Staatsopernballetts entscheidend geprägt, die Wiener Ballettszene ins Blickfeld der Öffentlichkeit gerückt. Seine eigene internationale Karriere, sein Umgang mit der Presse, das alles hatte auch das Interesse des eher konservativen Wiener Opernpublikums geweckt, was sich in den Besucherzahlen positiv niederschlug und auch heute noch niederschlägt.[8] Zudem hatte sein

Benennung der Rudolf-Nurejew-Promenade durch Wiens Bürgermeister Michael Häupl, 22. September 1999

Auftreten mit Gastballerinen und immer wiederkehrenden Gastsolisten, ebenso die Japantournee mit den Wienern[9], etwas von internationalem Flair mit eingebracht und Wien in der internationalen Ballettszene aufgewertet.

Nun, der Versuch, Nurejews klassisches Repertoire zu erhalten, ist nur halb geglückt. Lediglich zwei Produktionen können noch oder wieder gespielt werden. Als historische Reminiszenz darf der *Schwanensee*-Film aus dem Jahre 1966 (mit dem Wiener Staatsopernballett) – lange schon als Video erhältlich – gesehen werden. Die meisten seiner Wiener Tänzer-Entdeckungen und -Kollegen haben sich im Fluss der Zeit bereits von der Bühne verabschiedet und geben nun mehr ihre Erfahrungen und Erinnerungen an ihr Idol, ihren Mentor aus einer durch die Jahre verklärten Zeit, an den Nachwuchs weiter. Auch die Stadt Wien erinnerte sich (auf Betreiben einer Privatinitiative) und ehrte den Künstler mit der Bennennung der Rudolf-Nurejew-Promenade[10] in Kaisermühlen.

Nurejews zehnten Todestag nimmt das Staatsopernballett zum Anlass zweier Galavorstellungen[11] und das Österreichische Theatermuseum zu einer Retrospektive seiner Beziehung zu Wien.[12]

Das Publikum allerdings ist nach wie vor magisch vom Namen Nurejew angezogen und schätzt seine abendfüllenden Ballette, denen allerdings der Starglanz abhanden gekommen ist.

1 Dienstag, 16. und Freitag, 19. Februar 1993.
2 Telegramm Rudolf Nurejews an Dr. Gerhard Brunner, 21. August 1990.
3 Laut Vertrag vom 8. Oktober 1991 mit dem Österreichischen Bundestheaterverband wurde die Dekoration an die Deutsche Staatsoper Berlin um ATS 100.000,- + MWSt. verkauft.
4 Fälschliche Angabe auf dem Abendzettel der Deutschen Oper Berlin zur Dornröschen-Premiere am 29. Februar 1992 und in der Folge. Nur die Kostüme wurden verschenkt.
5 Laut Vertrag mit dem Österreichischen Bundestheaterverband für die Zeit von 4. Juli 1994 bis Ende der Spielzeit 1995/96, im Gegenzug zur Herstellung der fehlenden Dekorationsteile, danach ging sie komplett wieder ins Eigentum der Österreichischen Bundestheater über.
6 Die Entlehndauer war um ein Jahr verlängert worden.
7 Dr. Brunner an Rudolf Nurejew, Graz, 20. Oktober 1992.
8 Statistische Übersichten der entsprechenden Bundestheaterberichte, bzw. der Saisonrückblicke der Wiener Staatsoper.
9 Gastspiel in Seoul, Japan und Bangkok vom 21. September bis 14. Oktober 1984 mit 20 Vorstellungen und insgesamt 5 Programmen, darunter Nurejews Dornröschen.
10 Mit Beschluss des Gemeinderats Ausschusses vom 20. Oktober 1998. Feierliche Benennung in Anwesenheit von Bürgermeister Häupl am 22. September 1999 um 18 Uhr.
11 Zwei Galavorstellungen am 7. und 9. Jänner 2003
12 „Nurejew und Wien. Ein leidenschaftliches Verhältnis", Ausstellung des Österreichischen Theatermuseums von 29. Jänner bis 23. März 2003 (in Kooperation mit der Wiener Staatsoper). Der Teil „Rudolf Nurejew und das russische Ballett in Wien" ist von 7. bis 26. Jänner im Gustav-Mahler-Saal der Staatsoper zu sehen (in Kooperation mit dem Österreichischen Theatermuseum).

Raymonda-Neueinstudierung 1997, v.l.n.r.: Alexandra Kontrus, Jürgen Wagner, Simona Noja, Gregor Hatala, Jolantha Seyfried

DIRIGENT OHNE POSE

MEINHARD RÜDENAUER

Gezeichnet bereits durch die Krankheit, knapp zwei Jahre vor seinem Tod, hat Rudolf Nurejew schließlich noch den Versuch zum Start einer Karriere als Dirigent gewagt. Klassische Musik war ein Lebenselixier für ihn. Und der gefeierte Star mit dem Nimbus eines Unnahbaren hat den Willen aufgebracht, in reiferen Jahren noch den Lehrling zu spielen.

In Wien konnte er die Initiative ergreifen, da hier die Konstellation günstig war. Alte Freunde aus der Staatsoper haben mitgeholfen. Philharmoniker-Geiger Wilhelm Hübner war ein väterlicher Mentor. Dirigent Uros Lajovic hat die musikalischen Grundlagen und das Handwerk vermittelt. Mit einem Quartett der Philharmoniker wie auch mit Musikern aus Budapest wurde zwei Monate in Hübners Wohnung intensiv geübt. Sein bescheidenes pianistisches Können wollte Nurejew ebenfalls perfektionieren. Und der Manager Dr. Franz Moser war gerade bemüht, im etwas abgewirtschafteten Palais Auersperg einen Kultur- und Konsumbetrieb aufzuziehen. Dazu ist das aus Nachwuchsmusikern zusammengesetzte „Wiener Residenz Orchester" gegründet worden. Nurejew konnte mit diesem Werke wie Haydns Jagd-Symphonie oder Tschaikowskis Serenade einstudieren.

Das Glück der Gnade eines erfüllten Künstlerlebens hat in Nurejews Augen bei seinem Wiener Dirigierdebüt im Juni 1991 nicht mehr aufgeblitzt. Mit verschämt-verschmitztem Lächeln auf den Lippen, mit konzentriert nach innen gerichtetem Blick, ist er vor die jungen Musiker und das gespannte Publikum im Palais Auersperg getreten. Ovationen wurden ihm keine zuteil. Doch mit seinem Auftreten hat er signalisiert, dass er gegen seine Krankheit ankämpfen möchte. Und dass er vielleicht auch noch die Musikwelt erobern kann.

An mangelnder Musikalität wäre Nurejew sicher nicht gescheitert. Auch wenn er auf seine Unsicherheiten einmal mit verlegenem, dann wieder mit trotzigem Lächeln reagiert hat. Wenn er den Musikern des Residenz Orchesters (die allerdings protestierten, dass sie für Nurejew als Trainingspartner herhalten mussten) nicht sagen konnte, wie eine Nebenstimme klanglich differenziert herauszuarbeiten ist. Noch musste er sich von seinem Gefühl, seiner Intuition und seinem guten Gedächtnis leiten lassen. Stramm am Boden stehend, mit leicht vorgeneigtem Körper, sich weich wiegend, mit etwas unbeholfener Gestik oder dann wieder das Tempo mit weit ausschwingenden Armen forcierend. Von einem triumphierenden Posieren eines Ballettstars war nichts zu merken. Ohne große Attitüde hat Nurejew versucht, diese ersten Schritte in Richtung Dirigentenhimmel zu setzen.

Philharmoniker-Klarinettist Peter Schmidl, der unter Nurejew Mozarts Klarinettenkonzert mehrmals interpretierte, ist von dessen musikalischen Fähigkeiten überzeugt worden. „Er hat feinfühlend dirigiert, ist bescheiden aufgetreten", erinnert sich Schmidl. „Natürlich, er hat schon sehr, sehr behutsam musiziert. Somit ist aber auch den Wiedergaben ein gewisser tänzerischer Schwung abgegangen." Trockener kommentiert Konzertmeister Rainer Küchl das gemeinsame Musizieren von Mozarts Violinkonzert KV 218 und Tschaikowskis Serenade für Streicher op. 48: „Er konnte nicht wirklich führen, hat sich aber geschickt angepasst. Dank seiner Persönlichkeit wurden wir zu Konzentration angehalten."

Es waren nicht viele Abende, an denen sich Nurejew in Wien als Dirigent erproben durfte. 1991 noch im Mozartsaal des Konzerthauses. Dann wieder im Frühjahr 1992. New York, Salt Lake City, San Francisco, Athen waren andere seiner Dirigierstationen. Im Terminplan für 1993 waren eine Tournee mit dem Residenz Orchester nach Japan und Australien und Dirigate des *Nussknacker*-Balletts an der Grazer Oper eingetragen. Hoffnungen noch. Doch diese Gnade wurde Nurejew nicht mehr zuteil.

Rudolfs Wiener Familie, v.l.n.r.: Lydia, Prof. Wilhelm, Wilhelm Alexander und Elisabeth Hübner

Rudolf Nurejew dirigiert

„I STAGE BALLETS TO PROMOTE MYSELF AS A DANCER". DIESE DEVISE HIELT NUREJEW RUND UM DEN ERDBALL SEIN LEBEN LANG AUFTRAB. ER TRAT DURCHSCHNITTLICH 250 MAL IM JAHR AUF.

Abflug aus Wien

anhang

In *Bach-Suite*, Wien 1986

KURZBIOGRAPHIEN

DR. ANDREA AMORT
Geboren in Linz. Studierte modernen und klassischen Tanz in Linz, Theaterwissenschaft und Kunstgeschichte in Wien. Dr. phil. Mitarbeit an der Ausstellung *TANZ 20. Jhdt. in Wien* im Österreichischen Theatermuseum (1979/80). Seit 1981 Tanzkritikerin des KURIER, sowie für in- und ausländische Fachmagazine. Seit 1993 Lehrbeauftragte am Linzer Brucknerkonservatorium. Produktionsdramaturgin. Von 1998 bis 2002 Gestaltung der Vortrags- und Vorstellungsserie *Wiener Tanz im Exil* (darunter die gleichnamige Ausstellung im Österreichischen Theatermuseum, in Zusammenarbeit mit Jarmila Weißenböck, und Aufführungen im Rahmen des Festivals *tanz 2000.at*). Tanzhistorische Beiträge für Fachbücher und Lexika, aber auch für das von Barbara Denscher herausgegebene Buch *Kunst & Kultur in Österreich. Das 20. Jahrhundert* (Wien, Brandstätter 1999). Herausgeberin (gemeinsam mit Mimi Wunderer-Gosch) des *Buches österreich tanzt. Geschichte und Gegenwart* (Wien, böhlau 2001).

BERND R. BIENERT
Geboren in Wien. Tänzer, Choreograph, Regisseur, Bühnen- und Kostümbildner. Studium an der Ballettschule der Österreichischen Bundestheater, von 1978 bis 1985 im Ballett der Wiener Staatsoper engagiert. Engagement bei Jiri Kylián. Zusammenarbeit mit internationalen Choreographen. Eigene Choreographien seit 1982, u.a. für die Wiener Staatsoper, die Salzburger Festspiele, die Ars Electronica in Linz, die Wiener Festwochen, die Bregenzer Festspiele, das Volkstheater Wien, die Deutsche Oper am Rhein in Düsseldorf, die Deutsche Oper Berlin, das Schauspiel Bonn, das ZKM in Karlsruhe, die Münchener Biennale, die EXPO 2000 in Hannover, Introdans in Holland, das Theater Basel, die Staatsoper Budapest, die Sammlung Essl und das Burgtheater in Wien. Ballettdirektor und Chefchoreograph am Opernhaus Zürich (1991 bis 1996), zuletzt am Staatstheater Saarbrücken. Uraufführungen von Zemlinsky, Berio, Jelinek, von Bose, Haubenstock-Ramati, Essl, Neuwirth, Pernes, Rosendorfer, Jonke u.a. Zusammenarbeit mit bildenden Künstlern und Architekten.

MICHAEL BIRKMEYER
Geboren in Wien. Ausbildung an der Ballettschule der Wiener Staatsoper sowie, u.a. bei seinem Vater Toni Birkmeyer, bei Victor Gsovsky und bei Marika Besobrasova. 1967 Solotänzer, von 1972 bis 1987 Erster Solotänzer. Tanzte die großen Rollen des klassischen Repertoires u.a. in *Schwanensee, Nussknacker, Romeo und Julia, Sylvia, Giselle* und *Dornröschen*, sowie zahlreiche Hauptrollen in Werken u.a. von Balanchine, Lander, Tudor, Béjart, Walter, van Manen. Titelrolle in *Don Quixote*. 1965 auf Tournee mit dem Australian Ballet. Auftritte in Berlin, Zürich, Havanna, New York und Tokio. Von 1985 bis 2001 Direktor der Ballettschule der österreichischen Bundestheater, bzw. der Wiener Staatsoper. Seit 2002 Intendant am Festspielhaus St. Pölten.

EDELTRAUD BREXNER
Geboren in Wien. Ausbildung an der Ballettschule der Wiener Staatsoper u.a. bei Adele Krausenecker, Poldy Pokorny und Willy Fränzl. 1952 Solotänzerin, 1957 Primaballerina, 1960 Erste Trägerin des Fanny Elßler-Ringes. Tanzte die Ballerinenrollen des klassischen Repertoires u.a. in *Schwanensee, Nussknacker, Giselle, Dornröschen* und war darüber hinaus in zahlreichen Werken u.a. von Erika Hanka (*Hotel Sacher*), Léonide Massine, Dimitrije Parlić, Wazlaw Orlikowsky, Aurel von Milloss und George Balanchine zu sehen. Zahlreiche Auftritte im Rahmen der Gastspiele des Staatsopernballetts bei den Bregenzer Festspielen sowie Auslandsgastspiele. Stellvertretende Leiterin der Ballettschule der Österreichischen Bundestheater von 1973 bis 1979. 1980 Ehrenmitglied der Wiener Staatsoper.

DR. GERHARD BRUNNER
Geboren in Villach. Studierte an der Universität Wien Staats- und Theaterwissenschaften. Dr. jur. 1958 bis 1975 freischaffender Journalist für Zeitungen, Zeitschriften und Rundfunkstationen. 1969 Künstlerischer Berater für das Ballettfestival der Wiener Festwochen. 1976 Künstlerischer Berater für das New Dance Festival beim *steirischen herbst*. 1976 bis 1990 Ballettdirektor der Wiener Staatsoper, 1990 bis 1991 Künstlerischer Berater des Balletts der Wiener Staatsoper. 1982 Begründer der Wiener internationalen Festivals und Künstlerischer Leiter von TANZ'82, TANZ'84, TANZ'86, TANZ'88, TANZ'90, TANZ'92, TANZ'94, TANZ'96 sowie ImPuls/TANZ'98. 1990 bis 2001 Intendant der Vereinigten Bühnen Graz/Steiermark. 1998 bis 2001 Projektbeauftragter der Senatsverwaltung für das BerlinBallett. Seit 1. September 2001 Ballettkoordinator der Berliner Opernhäuser. 2001 Gründung der Brunner-Herrnleben Kunst- und Kulturproduktionen GmbH.

GISELA CECH
Geboren in Wien. Ausbildung an der Ballettschule der Wiener Staatsoper sowie bei Rosella Hightower. 1970 Solotänzerin, von 1972 bis 1989 Erste Solotänzerin. Tanzte die Ballerinenrollen des klassischen Repertoires, darunter in *Nussknacker, Don Quixote, Giselle, Schwanensee, Dornröschen* und *Raymonda*. War aber auch in zahlreichen modernen Werken zu sehen, u.a. von Balanchine, Lander, van Manen und van Dantzig.

GERLINDE DILL
Geboren in Wien. Ausbildung an der Ballettschule der Wiener Staatsoper sowie an der Akademie für Musik und darstellende Kunst. Mitglied des Wiener Staatsopernballetts von 1949 bis 1991, ab 1963 Assistentin, von 1980 bis 1990 Ballettmeisterin, in der Spielzeit 1990/91 mit der Leitung des Wiener Staatsopernballetts betraut. 1991 bis 1994 Ballettdirektorin der Vereinigten Bühnen Graz. Seit 1994 freischaffende Choreographin. Arbeiten u.a. für das Heidelberger Tanztheater, die Staatsoper Unter den Linden in Berlin, das Teatro Massimo in Palermo und das Teatro San Carlo in Neapel. Zusammenarbeit mit Choreographen, u.a. George Balanchine, Rudolf Nurejew, Jiri Kylián, Rudi van Dantzig, Hans van Manen, John Neumeier und dem Regisseur Martin Kusej. Von 1974 bis 1995 Choreographin für die Ballett-Teile des Neujahrskonzertes der Wiener Philharmoniker. Zahlreiche Choreographien für Oper und Operette in Österreich, Deutschland und Italien.

KLAUS GEITEL
Geboren in Berlin. Seit über vierzig Jahren schreibt er für die Tageszeitung DIE WELT über Tanz und Musik, seit 25 Jahren außerdem für die Berliner Morgenpost. Er hat Bücher über Rudolf Nurejew, Maurice Béjart, John Cranko, Marcia Haydée, Hans Werner Henze und Friedrich Gulda veröffentlicht. Zu seinen TV-Filmen gehören solche über Margot Fonteyn, Yvette Chauviré, Mary Wigman, die Berliner Philharmoniker, Herbert von Karajan, Dietrich Fischer-Dieskau und Riccardo Chailly. Er hat Auftritte von Serge Lifar, Yvette Chauviré und Eva Evdokimova auf der Bühne live moderiert und am Sarge von Dore Hoyer gesprochen.

GABRIELE HASLINGER
Geboren in Wien. Ausbildung an der Ballettschule der Wiener Staatsoper. Wichtigste Lehrerin: Edeltraud Brexner. Von 1979 bis 1988 Solotänzerin. Solorollen in *Nussknacker, Aschenbrödel, Sylvia, Don Quixote, Schwanensee, Dornröschen,* sowie in Werken von George Balanchine, Hans van Manen, Erich Walter und John Neumeier. Mit Rudolf Nurejew tanzte Gabriele Haslinger den Pas de deux aus *Blumenfest in Genzano*. Seit 1986 Lehrerin an der Ballettschule der Wiener Staatsoper.

SUSANNE KIRNBAUER
Geboren in Wien. Ausbildung an der Ballettschule der Wiener Staatsoper. 1956 bis 1986 Mitglied des Wiener Staatsopernballetts, 1965/66 Gast beim Grand Ballet de Paris und den Ballets de France. 1967 Solotänzerin, 1972 Erste Solotänzerin. Tanzte Hauptrollen (darunter zahlreiche Rollenkreationen) des klassischen und modernen Repertoires, in Choreographien von Aurel von Milloss, Wazlaw Orlikowsky, George Balanchine, Antony Tudor, Hans van Manen, John Neumeier, Jiri Kylián, William Forsythe und Rudolf Nurejew. 1986 bis 1996 Leitung und Choreographin des Balletts der Wiener Volksoper. Zahlreiche Choreographien für Operette an der Wiener Volksoper, sowie seit 1987 als Gast bei den Salzburger Festspielen, am Teatro Verdi in Triest, bei den Sommerfestspielen in Mörbisch, bei den Operettenfestwochen in Bad Ischl u.a. TV-Sendungen.

KARL MUSIL
Geboren in Wien. Ausbildung an der Ballettschule der Wiener Staatsoper, sowie u.a. bei Nora Kiss, Andrew Hardie, Valentina Pereyaslavec und Asaf Messerer. 1958 Solotänzer, von 1965 bis 1983 Erster Solotänzer. Weltweite Gastspiele u.a. beim Royal Ballet Covent Garden, beim London Festival Ballet, beim Ballet de France in Paris, beim Chicago Opera Ballet, beim Harkness Ballet in New York und beim Stuttgarter Ballett. Gastspiele mit verschiedenen Ensembles und als Partner u.a. von Margot Fonteyn, Svetlana Beriosova und Irina Borowska in den USA, Kanada, Mittel- und Südamerika. Tanzte die Hauptrollen des klassischen und modernen Repertoires. Rollenkreationen in Werken u.a. von Yvonne Georgi, Dimitrije Parlić, Erich Walter, Aurel von Milloss, Wazlaw Orlikowsky, Richard Adama und John Neumeier. Choreographische Tätigkeit u. a. für das SPECTACVLVM in der Universitätskirche in Wien. Von 1979 bis 1984 Lehrer an der Ballettschule der Staatsoper. Ab 1985 am Konservatorium der Stadt Wien, seit 1991 Leiter der Abteilung Ballett. Seit 1994 Präsident des Österreichischen Tanzrates.

RICHARD NOWOTNY
Geboren in Wien. Ausbildung an der Ballettschule der Wiener Staatsoper. Mitglied des Wiener Staatsopernballetts ab 1945, 1962 Solotänzer, Beginn seiner Tätigkeit als Probenleiter. Tanzte in Choreographien von Erika Hanka, Gordon Hamilton, Michail Fokin, Aurel von Milloss, Léonide Massine, Wazlaw Orlikowsky. Choreographische Tätigkeit u.a. für Opern an der Wiener Staatsoper. Seit 1970 weltweit Einstudierungen von Rudolf Nurejews *Don Quixote*. 1973 Ballettmeister. Von 1974 bis 1976 mit der Leitung des Wiener Staatsopernballetts betraut. 1996 Choreographische Einstudierung der Neuinszenierung von Rudolf Nurejews *Schwanensee* an der Wiener Staatsoper. Herbst 2002 Einstudierung des *Don Quixote*-Pas de deux für die Gala-Abende am 7. und 9. Jänner 2003 mit dem Staatsopernballett.

Ein rares Photo aus einer Leningrader *Schwanensee*-Aufführung mit Nurejew als spanischem Tänzer, um 1959

ALFRED OBERZAUCHER

Geboren in Wien. Tanzhistoriker. Ballettdramaturg der Wiener Staatsoper seit 1995. Mitherausgeber der Zeitschrift *Tanzblätter* (1986 bis 1992). Zahlreiche Artikel für Fachbücher, Enzyklopädien (*Pipers Enzyklopädie des Musiktheaters, International Dictionary of Ballet, International Encyclopedia of Dance, Die Musik in Geschichte und Gegenwart*) und Fachzeitschriften. Mitarbeit an der Buchpublikation *Ausdruckstanz*. Mitglied von Tanzbeiräten (Stadt Wien, Bundeskanzleramt). Juror bei Choreographischen Wettbewerben. Ehrenmitglied der Internationalen Gesellschaft Rosalia Chladek.

KARLHEINZ ROSCHITZ

Geboren in Wien. Dr. phil. Kunstkritiker des KURIER, dann Kulturressortleiter der Kronenzeitung. Mitarbeiter zahlreicher Literatur- und Kunstzeitschriften (Parnass, Protokolle, Österreichische Musikzeitschrift, Literatur und Kritik). Zehn Jahre Lehrbeauftragter für Literaturtheorie und Medien an der Universität Klagenfurt. Organisation der Musikprogramme und Komponistengespräche des Kunstvereins Wien Alte Schmiede. Zahlreiche Buchveröffentlichungen: *Dirigenten, Die großen Sänger, Histoire de l'Opèra de Paris, Encyclopédie du romantisme, Kaiserwalzer - Die Ringstraßenzeit, Das Wiener Rathaus* (mit Erich Lessing), Kulturtopographien: *Viertel unter dem Wienerwald, Viertel ob dem Wienerwald* u. a. TV-Filme und Reportagen *Die Wiener Ringstraße, Der Gürtel - Der Ring der kleinen Leute* u. a.

MEINHARD RÜDENAUER

Geboren in Wien. Kompositionsstudium. Das kompositorische Schaffen reicht von Kammermusik und Liederzyklen über Kinderopern (*Zauberbär und Wünschelstimme*/Carinthischer Sommer, *Bussi für die Bären*/Bregenzer Festspiele) und kürzere Tanzstücke (*Die Clowns*) bis zu der für den Tag der Vereinten Nationen komponierten Streichersymphonie *Mit den Seelen über Hiroshima* und der Friedenskantate *Pax humana*. Initiator des Kreativ- und Kommunikationsprojektes *Ganz Wien tanzt*. Journalistische Tätigkeit als Kulturkritiker für österreichische Tageszeitungen und internationale Fachzeitschriften.

BRIGITTE STADLER

Geboren in Wien. Ausbildung an der Ballettschule der Wiener Staatsoper. Wichtigste Lehrerin: Edeltraud Brexner. Fortbildung in New York und Monte Carlo. 1984 Solotänzerin, von 1990 bis 2000 Erste Solotänzerin. Neben den Ballerinenrollen in *La Sylphide*, *Giselle*, *Schwanensee*, *Dornröschen*, *Raymonda*, *Don Quixote*, *La Fille mal gardée*, *Sylvia*, *Romeo und Julia*, *Manon* u. a. war Stadler auch in einaktigen Werken von Balanchine, MacMillan und Zanella zu erleben. Teilnahme an zahlreichen Gala-Abenden. In der Spielzeit 2001/02 mit der Einstudierung zur Wiederaufnahme der *Giselle*-Produktion von Elena Tschernischova mit dem Wiener Staatsopernballett betraut, im Herbst 2002 an der Einstudierung zur Wiederaufnahme von Frederick Ashtons Choreographie *List und Liebe* (*La Fille mal gardée*) mit dem Wiener Staatsopernballett beteiligt.

ALEXANDER URSULIAK

Geboren in Edmonton, Kanada. Ballettmeister- und Pädagogen-Diplom am Schevchenko Staatstheater in Kiew. Solist, Choreograph und Pädagoge am National Ballet of Canada und an der National Ballet School (1961 bis 1964). Choreograph beim Festival Ballet und Pädagoge an der Arts Educational Trust School in London (1964 bis 1966). Stellvertretender Direktor des Wiener Staatsopernballetts und Direktor der Ballettschule (1966 bis 1973). Pädagoge und Ballettmeister am Stuttgarter Ballet und an der John Cranko Schule (1973 bis 1990). Direktor der John Cranko Schule (1990 bis 1997). Seit September 2000 Schulleiter der Schweizerischen Ballettberufschule Zürich/Departement Tanz HMT. Träger des deutschen Bundesverdienstkreuzes und der John Cranko Medaille. Professor und Doktor h.c. der Akademie des Tanzes in Kiew. „The First Balletmaster – Pedagogue of Europe '97" – Auszeichnung durch das National Committee of the World Council of Dance, UNESCO and The International Union of Choreographers.

JARMILA WEISSENBÖCK

Geboren in Wien. Studium der Theaterwissenschaft und Kunstgeschichte. Ab 1971 Bibliothekarin an der Österreichischen Nationalbibliothek, Theatersammlung. Seit 1991 Österreichisches Theatermuseum. Betreuung und Erfassung der Nachlässe und Autographen, Wiederbeleben von Richard Teschners Figurenspiegel, Puppenspiel und Publikationen. Seit 1978 verantwortlich u. a. für sämtliche Ausstellungen des Österreichischen Theatermuseums im In- und Ausland mit dem Schwerpunkt Tanz und dazugehörende Publikationen. Freie Mitarbeiterin der Zeitschrift *tanz Affiche*. Aufsätze und Vorträge zum Thema Tanz und über einzelne Sammlungen des Österreichischen Theatermuseums.

PERSONEN- UND WERKREGISTER

Achmetow, Aidar 23
Adagio Hammerklavier 17
Ajupowa, Schanna 12
Alexejewa, Zara 22
Alonso, Alicia 96
Amort, Andrea 24, 32
Andics, Hellmut 25
Apollo 13, *16f.*, 23, *23*, 57
L'Après-midi d'un faune 21
Ashton, Frederick Sir 12f., 41, 51, 73, 108
Assylmuratowa, Altynai 92

Bacher, Gerd 25
Bach-Suite 17, *116*
Balanchine, George 12f., *17*, 22, 72, 85, 92
Baryschnikow, Michail 23, *23*, 89, *89*, 92
La Bayadère 11, 12, 36, 41, 101
  Die Bajadere 23, *23*, 60
  Schatten-Akt 41
Béjart, Maurice 12, 17, *79*, 80, 97, 106
Bekefi, Alfred 21
Beriozoff, Nicholas 71
Besobrasova, Marika 65, 80
Bessmertnowa, Natalija 22
Bienert, Bernd R. 81, 83
Birkmeyer, Michael 6, 16, 41, 48, 69, *70*, 71, *74*, 79, *79*, 80, *80*, 85, 88
Birkmeyer, Toni 79
Blair, David 50
Blown in a Gentle Wind 13
Blumenfest in Genzano 13, 85
Böhm, Gotthard 41
Bon, René 73, 84
Borowska, Irina 72
Bortoluzzi, Paolo 57
Branss, Truck 13

Bräuer, Lucia 16, 70
Brexner, Edeltraud 71, 84
Broda, Christian 25
Bruhn, Erik 41, 46, 51, 66, 71f., 79
Brunner, Gerhard 13f., 30, 46f., 61, 71, 78, 81, 89, *93*, 110
Bujones, Fernando 93
Bundy, Hans 74
Burmeister, Wladimir 46, 51, 71

Callas, Maria 41, 89, 100f., 106
Cech, Gisela 13, 16, 70, *70*, 85, *85*, 92
Cendrillon 12
Chauviré, Yvette 13, 71, *106*
Chevalier, Maurice 106
Le Chout 41, 72
Cirul, Mila 22
Constant, Marius 30
Coppélia 71
Le Corsaire 12f., 29, 30, *30f.*, 57, 80, 92
Cranko, John 46, 51, 71
Cuevas, Marquis de 11, *32*, 36, 68, *69*
Cyrano de Bergerac 30

Dantzig, Rudi van 12f., 17, 61, 81ff., *82f.*, 97
Davies, Peter Maxwell 101
Dean, James 66
Dejew, P.J. 43
Denisowa, Vera 22
Devillier, Catherine 22
Diaghilew, Sergej 21
Diana und Aktäon 12
Dill, Gerlinde 16, 68, *70*, 71
Don Quixote 11ff., 22f., 41, *54*, 55, 57, 66, 70, 73f., 79f., 83ff., *84*, *87f.*, 89, *92*, 93, 110
Don Quixote (Film) 12

Donka, Helene 29
Dornröschen 11f., 16, 22, 23, *61*, 64, 68, 71, 75, *75*, 79ff., 83ff., *85*, 88, *94f.*, 96, 97, *100*, 110
Dostojewski, Fjodor 108
Dudinskaja, Natalia 29
Dutoit, Charles 32, *36*

Einem, Gottfried von 30
Eltzoff, A. 21
Etüden 79
Eugen Onegin 20
Evdokimova, Eva 16
An Evening with The Royal Ballet (Film) 12
Exposed (Film) 12

La Fille mal gardée 88
Flindt, Flemming 66
Fokin, Michail 21
Fonteyn, Margot 11, 13, *15*, 30, *31f.*, 32, *34*, *36*, 41f., 48, *48*, 50f., 55f., 60f., *64*, 65, *68*, 69, 71ff., 102
Fränzel, Christine 81
Fränzel, Wilfried 36
Friedell, Egon 21
Froman, Margarita 22

Gajaneh 11ff., 29, 30, 66
Gatterer, Claus 25
Gaugusch, Christine 69
Gavers, Mattlyn 84
Geitel, Klaus 19, 86, 102
Gensler, Irina 29
Georgiadis, Nicholas 13, 32, 42, *74*, 75, 96
Gerber, Judith 69

Geyser, Gerald s. Brunner
Gigli, Benjamino 102
Gilpin, John 66
Giselle 11, 13, 21, *22*, 23, 29, 50, 57, 65, 66, 71, 96
Glasunow, Alexander 41
Gobbi, Tito 106
Gorbatschow, Michail 12
Gordejew, Wjatscheslaw 23
Gorlinsky, Sander 102, 106
Graham, Martha 11f.
Grand Pas classique 71
Gratz, Leopold *96*
Gregory, Cynthia 13, 16, *57*, 93
Gribow, Alexander 29
Grigorowitsch, Juri 22, *22*
Gsovsky, Victor 79
Guerin, Isabelle 100
Guillem, Sylvie 100
Guizerix, Jean 100

Hamilton, Gordon 42, 71, 84
Hanka, Erika 30
Harangozó, Gyula 16
Haslinger, Gabriele 13, *74*, 85
Hatala, Gregor *111*
Haubenstock-Ramati, Roman 13, 61, 81, 83, 97
Häupl, Michael *111*
Hautmann, Hans 24
Haydée, Marcia 71
Helpmann, Robert 50
Henze, Hans Werner 13, 41, 73, 93, 108
Herman, Jane 92
Hilaire, Laurent 100
Hilbert, Egon 36, 41, 44, 47, 69, 72
Hisaka, Norihito 60
Hotel Stadt Lemberg 22
Hubmann, Franz 48
Hübner, Familie 70, *112*
Hübner, Wilhelm 70, 112

I am a Dancer (Film) 12, *102*
Der Idiot 108
Iljina, Sofija 21

In der Maur, Wolf 25
Ishii, Jun *56*
Issatschenko, Claudia 22
Istomina, Awdotja 20
Iwanow, Lew 13, 44, 47

Jakob, Winnie *60*
Jakobson, Leonid 30
Jaska, Maria Luise 69, *70*
Jermolajew, Alexej 11, 66
Le Jeune Homme et La Mort (Film) S.12
Josephs Legende 21, 89, 92
Joukowski, Anatol 22
Joyce, James 81
Jude, Charles 88
Jungbluth, Robert 75

Kain, Karen 56
Karajan, Herbert von 36, 69
Karalli, Vera 22, *22*
Karelskaja, Rimma *22*
Karl, Ludwig *70*
Karl, Theresia *16*
Karsawina, Tamara 20f.
Kay, Barry 84, 93
Kekischewa, Galina 29
The King and I (Film) 12
Kinski, Klaus 25
Kirillowa, Galina 29, 30
Kirnbauer, Susanne 16, 69, 73, *74f.*, *78*, 79
Kirstein, Lincoln 106
Kjakscht, Georgi 21
Kleiber, Carlos 16, 71
Koegler, Horst 46
Kokoschka, Oskar 21, *21*
Kolpakowa, Irina 22, 29, 66
Kondratjewa, Marina 22
Kontrus, Alexandra (Pestschanskaja) 23, *111*
Koopavond 82
Kosloff, Theodor 21
Kotschetowski, Alexander 21
Kozlova, Valentina 23
Kreisky, Bruno 25

Krüger, Elsa 22
Kschessinskaja, Matilda 21, *21*
Küchl, Rainer 112
Kurgapkina, Ninel 13, 22, 29, 36, 50, 66
Kuznetsova, Svetlana 23

Lajovic, Uros 112
Lancelot, Francine 12, 17
Lanchbery, John 13, 80
Lapschin, Alexej 23
Larrain, Raymundo de *32*, 36
Laurencia 11ff., 29f., 66
Lawrowski, Michail 22
Legat, Nikolai 20
Legat, Tatjana 29
Legris, Manuel 100
Lehner, Peter 41
Leontjew, Sascha 22
Letzte Lieder 17
Lieder eines fahrenden Gesellen 6, 16f., 57, *79*, 80, 97, *100*
Lieder ohne Worte 17
Lifschitz, Alexander 29
Liszt, Franz 41
Lossmann, Hans 46
Louis, Murray 12
Die lustige Witwe 72

Maar, Lisl 69, *72*
Maazel, Lorin 16, 61, 64, *98f.*
MacMillan, Kenneth 12, 89
Mahler-Werfel, Alma 21
Makarova, Natalia 23
Malakhov, Vladimir 17, 23, *23*, 97, *110*
Manen, Hans van 17, 81, 97
Manfred 12
Marguerite und Armand 13, 41, *67f.*, 73
Massine, Léonide 22, 71
Maximowa, Jekaterina 23, 29, *29*
Medusa 30
Meister, Fred *55*
Messerer, Assaf 22
Milloss, Aurel von 32, *32*, 36, 42, 46f., 50, 56f., 61, 69, 72f., 110
Minkus, Ludwig 41, 109

Molcho, Samy 29
Molden, Fritz 25
Morishita, Yoko 6, 16, *106*
Moser, Franz 112
Mozart, Wolfgang A. 112
Muchamedow, Irek 23
Musil, Karl 16, *32*, 36, 70f., *70ff.*, 73
Musil, Ludwig M. 16, *70*

Nechoroschow, Juri 29
Nenning, Günther 25
Neumeier, John 89
Nijinska, Bronislawa 21f.
Nijinski, Kyra 22, *60*
Nijinski, Wazlaw 20ff., *21*, 41, 66, 79, 101
Nikitina, Alice 21
Noja, Simona 17, *111*
Nowotny, Richard 36, 41, 55, *55*, 84, 110
Der Nussknacker 11f., 22f., 29, 41, 71, 101, 112

Oberzaucher, Alfred 20, 50, 77
Obuchow, Michail 21
Onoschko, Valentin 23
Orlikowsky, Wazlaw 22, 84
Over, Roswitha 84

Page, Ruth 72
Panov, Valery 23, 93, 108
Panova, Galina 23
Paquita 12f.
Paradis perdu 30
Parlić, Dimitrije 84
Pawlowa, Anna 20ff., *21*
Pawlowa, Nadjeschda 23
Percival, John 30, 55
Pereyaslavec, Valentina 65
Peter der Große 21
Petipa, Marius 13, 41, 44, 46f., 55, 92
Petit, Roland 12, 25, 30
Petrowa, Ludmilla 23
Petrowa, Ninel 29

Petruschka 21, 23
Pierrot lunaire 17, *56*, 57, 97
Piffl-Perčević, Theodor 43
Plissezkaja, Maija 23
Polgar, Alfred 21, *21*
Poljakowa, Jelena 22
Prawy, Marcel *89*
Preobrajenskaja, Olga 21
Preobrajenski, Wadim 22
Prokofjew, Sergej 41, 72
Puschkin, Alexander 11, 20, 29, *89*, 92

Raab, Julius 24
Raab, Riki 29
Radziwill, Lee 60, *63*
Rassadin, Konstantin 29
Ratchinskaia, Bella 23
Rauser, Tamara 22
Raymonda 12, 16f., 22, 29, 41f., 79, 83, 85, 88, 97, *97*, 100, *101*, 110, *111*
Regitz, Hartmut 46
Reinholm, Gert 109
Renault, Michel 108
Rjabinkina, Jelena 29
Roig, Jordi 17, 110
Romanow, Boris 21f.
Romeo und Julia 12
Romeo und Julia (Film) 12
Róna, Viktor 29
Roschitz, Karlheinz 56, 58
Rubinstein, Ida 22
Rüdenauer, Meinhard 112
Rusimatov, Faruch 92
Russell, Ken 60

Sabotkina, Olga 29
Sacharoff, Alexander 21
Sacharow, Rostislaw 29
Safiullin, Haljaf 50
Sapogow, Anatoli 29
Savina, Valentina 23
Sazarina, Galina 22
Schäfer, Walter Erich 36
Schayk, Toer van 13, 81, 83
Scheherazade 21, 23

Scheuermann, Lilly 16, 69, 70, *70*
Schiriayew, Alexander 72
Schmidl, Peter 112
Schostakowitsch, Dimitri 30
Schwanensee 9, 11ff., *15*, 16f., *18*, 21f., 29f., 32, 36, *36*, 41f., *41*, 45-53, 46-48, 50f., 55ff.,*57*, 64, 69, *70*, 70-74, *71*, *74*, *76f.*, 78-80, *79*, 83-85, 88f., 93, *96f.*, *106*, *109*, 110, *110*, 119, *126f.*
Schwarzer Schwan-Pas de deux 72, 93
Swan Lake 50
Der Schwanensee (Film) 12f., 111
Schwarz auf Weiß 22
Seefehlner, Egon 89, *89*
Seluzki, Gennadi 29
Semjonow, Wladilen 22, 66
Sergejew, Konstantin 50
Seyfried, Jolantha 16, 69, 84, *111*
Shekhovtsov, Victor 23
Sisowa, Alla 13, 29, 30, *30*
Snowdon, Lord 48, 58, 60, *64*
Solowjow, Juri 29, 66
Solway, Diane 30
Solymosi, Tamás 17
Somes, Michael 73
Spanischer Tanz 71
Le Spectre de la Rose 6, 16
Stadler, Brigitte 16f., 70, *70*, 84, 88, *97*, 100, *110*
Die Steinerne Blume 30
Strauss, Richard 21f.
Suvorova, Olga 23
La Sylphide 12

Tancredi 12f., 22, 41, *72*, 73, 80, 85, 93
5 Tangos 17, 81
Taras, John 13, 72
Tausend und eine Nacht 16, 71
Taylor, Paul 11f.
Tels, Ellen 21f.
The Tempest 12
Tetley, Glen 12, 17, *56*, 97
Tichomirowa, Irina 22
Tikhonova, Nadejda 23
Tkatschenko, Tamara 72
Die Tochter des Pharao 21

Torberg, Friedrich 25
Trefilowa, Wera 21
Tschabukiani, Wachtang 11, 22
Tschaikowski, Peter I. 50, 64, 109, 112
Tschernischova, Elena 16, 23, 88, 110
Tsukanov, Vladimir 23

Über Leben 82
Udelzowa, Anna 11, 101
Ugray, Klotild 29
Uksusnikow, Igor 22
Ulanowa, Galina 22, *22*, 66
Ulysses 13, 61, 81ff., *82*, 97
Undine 108
Ursuliak, Alexander 62, 66, 90

Valentino (Film) 12
Valse Volonté 30
Verdi-Ballett: Ein Maskenball 23
Vesalii Icones 101
Vondrak, Paul 42

Waganowa, Agrippina 11, 50
Wagner, Jürgen *111*
Wagner, Leopold 96
Der letzte Walzer 22
Washington Square 12
Wassiljew, Wladimir 23, *26f.*, 29, 66, 93
Weber, Harry 48
Weber, Max 57
Weißenböck, Jarmila 110
Wells, Doreen 42
Wilhelm, Franz *72*
Winogradow, Oleg 92
Wladimirow, Pierre 21
Woitowitsch, Jelena 50
Woolliams, Anne 110
Wührer, Ully 13, 48, *55*, 69, 71, *72*, 79, *79*, 84f.

Zamponi, Linda 41f., 46
Zanella, Renato 16f., 110
Zilk, Helmut *96*
Zimmerl, Christl 71f., *71*
Zubkowskaja, Inna 66

BILDNACHWEIS

Atelier d'Ora/Bildarchiv der Österreichischen Nationalbibliothek: S. 21 unten. Benn: S. 23 oben, 75, 85. Bildberichter Pisarek: S. 22 oben. Bissuti, Kristian/KURIER: S. 81 links unten. Dominic: S. 68. Dürport, Josef: S. 56, 70 rechts unten, 97 oben und unten, 106, 111 oben, 116. Fayer: S. 9, 48 unten, 71, 72 oben. Grigorowitsch, Juri: CCCP Moskau 1987: S. 22 unten. Hammer, Werner: S. 64 oben und unten, 65, 84. Hausmann, Elisabeth: S. 17. Hubmann, Franz: S. 10, 36 oben, 38ff., 42, 47, 49, 76. Hübner, Lydia: S. 112. Il Tempo, S. 63. Jakob, Winnie: S. 60 oben. Jöchel, Martin: S. 113. Kainerstorfer, Ernst: S. 61. Keystone Wien: S. 102. Koller, Helmut: S. 60 unten. Koller, Helmut/Wiener Staatsoper: S. 54, 57, 79 rechts unten, 81 rechts unten, 82f., 92 oben und unten, 93, 100 unten. Lederer, Annette/Pandis: S. 91. Lehner, Peter/KURIER: S. 33, 37, 43, 72 unten. Leibowitz, Annie: S. 89 oben. Lido, Serge: S. 69. Martinek, Kurt: S. 32 links unten. Nowotny, Richard: S. 36 unten. Rudolf Nureev: Kult-Inform-Press Sankt Petersburg, 1998: S. 89 rechts unten. Rudolf Nureyev: Three years in the Kirov Theatre, Pechatny Dvor, State Industrial Association, Sankt Petersburg, Russia, 1995: S. 28, 30. Sammlung Oberzaucher: S. 21 Mitte. Foto Palffy, S. 16, 55 oben, 87f., 89 links unten, 110. Pollak, Walter und Kirschhofer, Andreas: Den Sowjets ins Gesicht geschaut, Linz, 1959: S. 119. Prieler, Claudia: S. 108 oben und unten. Round, Roy: S. 67, 103ff. Schafler, Ali/ORF: S. 73. Schäfer, Rolf: S. 79 links unten, 107. Schreiber, Udo: S. 74 unten. Snowdon: S. 59, 34f., 74 oben. Spatt, Leslie E.: S. 31. Unitel/Beta-Film: S. 50-53. © VBK, Wien, 2002 für das Werk von Oskar Kokoschka: S. 21 oben. Votava: S 24, 25 links und rechts, 32 links oben und rechts unten, 96 unten, 115. Weber, Harry/Bildarchiv der Österreichischen Nationalbibliothek: S. 15, 18, 45f., 48 oben, 55. Zeininger, Axel: S. 80. Zeininger, Axel/Wiener Staatsoper: S. 6, 23 unten, 70 oben und links unten, 78, 96 oben, 94f., 98f., 100 oben, 101, 109, 111 unten, 126f.

Trotz intensiver Bemühungen konnten nicht für alle Bildvorlagen die Rechtsinhaber ermittelt werden. Wir bitten diese, sich gegebenenfalls mit dem Verlag in Verbindung zu setzen.

Cover-Abbildung vorne: Franz Hubmann
Cover-Abbildung hinten: Harry Weber
Schwanensee, Wiener Staatsoper 1964

Verbeugung nach *Schwanensee*